中国古代天命与青铜器

[日]小南一郎　著
杨振红　尚宇昌　译

KODAI CHUGOKU TENMEI TO SEIDOKI
Copyright © 2006 Ichiro Kominami
Chinese translation rights in simplified characters arranged with
Kyoto University Press through Japan UNI Agency, Inc., Tokyo

版权所有，翻印必究。
北京市版权局著作权登记号：图字 01-2022-6614 号

图书在版编目(CIP)数据

中国古代天命与青铜器/(日)小南一郎著；杨振红，尚宇昌译.——北京：华夏出版社有限公司，2024.1
ISBN 978-7-5222-0560-1

Ⅰ.①中… Ⅱ.①小… ②杨… ③尚… Ⅲ.①政治制度-研究-中国-西周时代 ②青铜器(考古)-研究-中国-西周时代 Ⅳ.① D691.2 ② K876.414

中国国家版本馆 CIP 数据核字(2023)第 179816 号

中国古代天命与青铜器

作　者	[日] 小南一郎
译　者	杨振红　尚宇昌
责任编辑	王　敏　吕　方
责任印制	周　然

出版发行	华夏出版社有限公司
经　销	新华书店
印　装	三河市万龙印装有限公司
版　次	2024年1月北京第1版 2024年1月北京第1次印刷
开　本	787×1092　1/32开
印　张	9
字　数	139千字
定　价	49.00元

华夏出版社有限公司　地址：北京市东直门外香河园北里4号　邮编：100028
网址：www.hxph.com.cn　电话：(010)64663331(转)
若发现本版图书有印装质量问题，请与我社营销中心联系调换。

■ 插页图一：周王祭器　㝬簋（扶风县博物馆藏）

据推测，㝬簋是西周后期周厉王自制青铜器。铭文以"王曰"开头，是周厉王自述。铭文拓本见图20（第172页）。

■ 插页图二：周公庙遗址（陕西省岐山县）

虽然周公旦的儿子伯禽被封到鲁国，但周公和他的部分子孙留在了周原一带。这个遗址可能是留在周原的周公家族墓地。很多墓葬有四条墓道，这是只有周王才能享有的规格。上图为18号大墓。下图为该地出土的西周时期卜辞中"周公贞"三字。

■ 插页图三：陕西省眉县杨家村窖藏青铜器的出土情况

  中国的青铜器，除了墓葬出土的随葬品外，还有从地窖出土的称作"窖藏"的成套青铜器。窖藏青铜器出土数量有时高达上百件，其中不少带有重要铭文，这在给青铜器研究者带来惊喜的同时，也带来了难题。

■ 插页图四：战国时代画像纹壶（千石唯司氏藏）

上部描绘的是射箭仪式——射礼，中部是饮酒和奏乐仪式，下部是狩猎场景。

目录

序　　　　　　　　　　　　　　　　001

序章　青铜器所见　　　　　　　　　001

第一章　**禹之九鼎**　　　　　　　　011

    1　禹与中原文化　　　　　　　　011

    2　九鼎的铸造　　　　　　　　　021

    3　鼎的争夺　　　　　　　　　　030

    4　仿造九鼎　　　　　　　　　　048

第二章　**大地精灵**　　　　　　　　055

    1　土地所有与祭器制作　　　　　055

    2　作为精灵之"物"　　　　　　063

    3　图像表现的"物"　　　　　　071

    4　埋藏在地下的青铜器　　　　　081

第三章　祖灵与青铜器　　088

1. 祖先祭祀的日期　　088
2. 以天禄为媒介的祖先神　　099
3. 附身鼎上的东西　　123

第四章　册命仪式　　133

1. 官职世袭仪式　　133
2. 职位继承理论　　156
3. "始原之时"的文武受命　　167
4. "命"的君臣结构　　172
5. "命"观念的理论化和礼仪化　　184

第五章　天命的实态与功能　　188

1. 天命授受仪式　　188
2. 文王、武王的角色分工　　201
3. 天命难忱　　204

第六章　德的继承　　　　　　　　　　　211

1　支撑君臣关系的德　　　　　　　211

2　作为生命力的德　　　　　　　　218

3　德的观念与命的观念　　　　　　230

第七章　天命的去向　　　　　　　　　　238

1　宗教权与军事权的分离　　　　　238

2　取代"命"的体制　　　　　　　250

图片出处一览　　　　　　　　　　　　259

后　记　　　　　　　　　　　　　　　262

文献指南：为加深对中国古代青铜器与金文资料的理解　269

小南一郎（こみなみ　いちろう）　　　274

序

阅读恩格斯的《家庭、私有财产及国家的起源》已经是近四十年前的事了。除了易洛魁族等几个美洲原住民部族的名字还残留在记忆中外，其他内容几乎都忘记了。就像这样，作为知识，书中写了什么，我已经完全不记得了，不过，恩格斯对部族社会中人与人之间关系的热切论述，作为感性记忆，却一直保留至今。恩格斯强调，我们失去的完整的人际关系都存在于部族社会。这种想法，或许是身处近代社会异化关系中的恩格斯的执念。不过，在国家形成以前的部族社会，其形成原理确实与现代社会差异很大，在我们看来，那是一个更加人性化的社会。

新石器时代社会，各文化地域呈现的面貌肯定会有差异，但它首先是一个以部族为基本单位形成的社会。这种部族社会蜕变后，形成"国"的统治组织。这是历史潮流的必然方向，通过发明新的制度，人类创造出伟大的事物。但也不能忘记，为此也失去了一些珍贵的东西。

秦汉时期，国家的基本性质是领土国家。中国的政治体制转型为领土国家的趋势急速增强是战国时期以后的事。战国列强们在各自国家的周围大量修筑长城，在这样的背景下，领土国家的观念必然会随之生长。继承战国时期长城建设热潮，将其整合为全国规模的，不用说是秦王朝的长城建设。

现代国家原则上也可以说是领土国家。现在世界各地国境纠纷不断，"我国神圣领土一步也不会让给其他国家"等言论满天飞，这一现状清楚地表明国家建立在领土之上的观念十分牢固。对于生活在这个世界上的我们来说，很难充分理解领土国家形成之前支撑"国家"的基本观念是什么。当然，能否将其称为"国家"还存在定义上的问题，或者可以称之为国家以前的统治形态。不过，在从新石器时代部族社会解体到领土国家出现这一期间，已经存在集权式统治机构了，所以这里打算采用最近的称呼方式，使用"早期国家"这一概念。

早期国家的首要特征是存在世袭王权。当世袭王权出现时，历史就由部族社会时代进入到早期国家阶段。当然，在新石器时代部族社会时期，也会出现统领若干部族、在广阔领域内发号施令的首领。不过，这种对广阔领域的控制，基本上靠首领的个人魅力来支撑。首领在处理部族间问题时展现出来的人格魅力，将若干部族凝聚在一起。也正因为如此，当首领死去，其人格魅力的本体消失时，部族的联合组织也随之解体，重新回到原来多部族并立的局面。可以说这是首领的人格魅力将人们团结在一起的英雄时代。

与此相对，到了早期王朝时期，统治者（姑且称之为"王"）的王位变成了世袭继承。王位世袭意味着统治者的个人魅力不再是维持政权的必要条件。只要不做骇人听闻的坏事，作为先王的血亲，就可以获得统治者的地位。统治者身在王位就是统治者，其个人的资质与统治权本身无关。相比有个性的人，乖张行为少的平庸的人更适合做统治者。也就是说，系统的统治机构形成后，人性的因素就变得没有太大意义了。

系统王权出现后，在王权之下，官僚机构也相继设置，系统变得更加完善。当然，在新王朝草创期，英雄时代的元素也可能会短期复活。然而，让这种被创造出来的王权得以存续下去的，是系统的力量。系统本身具有不容分说的强制力。但另一方面，当人们开始进行反省时，就开始要求为系统拥有力量这件事本身赋予意义了。在国家体制下，人们的自我规定也与国家存在的意义密切相关。为国家系统赋予意义，和为个人的存在赋予意义也密不可分。

　　本书聚焦西周王朝中期，以这一时代的史料——青铜器铭文为中心，分析与西周王权统治有关的人们是如何将自己所处的社会体制赋予意义、进行理论化的。当时人在这种理论化过程中强调的天命、德、孝等观念，对今天的我们来说也很熟悉。不过，其含义内容已经有了很大变化。如果通过本书，对这些词汇在社会中存在并发挥巨大作用的那个时代，能够稍有切身之感的话，则幸之甚矣。

表1　西周青铜器编年表

王	青铜器		时期
武王	天亡簋（大丰簋）23		西周前期 前1050年 左右
成王	何尊 32		
康王	宜侯夨簋 57　大盂鼎 62		
昭王	令方彝（令彝）95		
穆王	班簋 168　录伯夋簋 180		
恭王 （共王）	师西簋 192　师𩛥鼎 202 永盂 207　仲枏父鬲 218 询簋 220　史墙盘 225	申簋 231 师瘨簋 238	西周中期 善鼎 321 𫠠叔鼎 372
懿王	师虎簋 240　卯簋 244 师询簋 245		
孝王	逆钟 274　元年师旋簋 275 师克盨 307　番生簋 310		
夷王		井仁佞钟 396 梁其钟 397	西周晚期 前770年
厉王	𫠠簋 404　禹鼎 407 多友鼎 408　此鼎 422		
宣王	颂鼎 434　善夫山鼎 445		
幽王			
春秋时代	秦公簋 920		

本书作为史料使用的青铜器断代表，采自马承源《商周青铜器铭文选》。青铜器名称后面所附数字也是《铭文选》的编号。每件青铜器都细分到具体的王的时期，年代是否能精确到这种程度尚有疑问，但大体的前后关系仍可参考。

序章

青铜器所见

　　这个世界上所有的东西,无论是有形的还是无形的,在与人类的关系上,都是有意义的。其意义当然不仅限于实用意义。虽然从大的角度来看,也许最终都可以还原为实用意义,但在我们周围确实存在着很多至少对现实不直接发生作用,却具有重大意义的事物。

　　例如,人们在身边妆点装饰品,与其说是在追求它的实用功能,更多场合下不如说是为了其他方面的意义。每个装饰品所具有的意义,有时是与物主的过往体验密切相关、极为私人化的东西,或者,有时从其个人所属的文化集团的习俗关系角度,是不可欠缺的具有重要作用的东西。如果不了解其个人的固有经历(主要是精神经历),并充分理解其所属的整个文化集团的价值观念,即使是很小的装饰品,也很难准确把握其所具有的意义。何况是和我们时代相隔久远、社会结构也不同的环境下制作、拥有的历史文物,要把握其本来意义肯定会更加困难。

稍微改变一下角度,也许可以说,对于人类来说,所有的事物都兼具实用意义和非实用意义两重意义。一些事物的意义侧重于前者的实用性一面,而对另一些事物来说,后者方向的意义更受重视。一般来说,直接支撑人类生活的生产、消费活动主要是建立在具有前者意义、功能的物品上,与此相对,人类的精神、习俗活动多以后者的非实用意义为核心进行。

在人类进行的精神、文化活动中,以非实用性意义为基础,将众多这类意义组织化而形成的东西,显示出巨大的作用。或者可以说非实用性意义的作用才是文化活动的核心。在这样的文化活动中,若将我们生活在这个世界上的主要意义进行理论概括的话,仅仅因为很难准确把握非实用性意义,就逃避对它的考察显然是不行的。另一方面,也不允许反过来拿难以验证的事情,基于空想随意展开议论，敷衍了事。在充分认识到困难的同时，通过坚实的论证，尽可能地扩大我们能够切实把握的意义范围，是对整个文化进行历史研究的基本工作。

本书试图通过列举中国古代属于早期王朝时期的殷（商）、周时代大量制作的青铜器，分析、理解背后支撑这一时代"青铜器文化"的当时人所共有的典型观念和价值观到底是怎样的。这个时代的青铜器，从实用功能的角度看，既有食器、酒器，也有乐器和武器。从发掘出来的青铜鼎的底部附着有厚厚的煤烟的例子来看，这类文物无疑是炊煮容器，具有实用功能。

但殷周时期青铜器所具有的意义并不局限于这样的实用功能。实用意义所占的比例反而很小，以青铜器为中心的文化在古代中国绽放出灿烂的花朵，主要是因为它植根于与实用性无关的地方。就连乍看之下似乎以实用性为主的剑、斧、钺（战斗用斧）等青铜制武器，除了具备武器所具有的杀伤力外，其更重要的功能是象征所有者的权力。正因为如此，这类武器某些场合被装饰得很怪异，某些场合则被装饰得很华丽（图1）。

图1：铜钺（殷代后期）

钺和斧也是王权刑罚方面的象征物。一种说法认为，"王"字（甲骨文：丄）是取斧钺之形的象形字。

换言之，如果认为青铜器能代表中国古代文化的精华，那既不是因为青铜器具有很强的实用性，也不是因为其造型美术水平达到的高度引人瞩目，而是因为注意到制作这些美术工艺品精华的原动力，可能主要来源于青铜器的非实用意义——与支撑当时社会、政治制度的观念和价值观直接相关的象征性作用。

从这个角度来说，想要充分理解青铜器在中国古代社会的重要性，就必须具体把握青铜器的非实用功能。为了加深对其非实用功能的理解，把握当时人和由这些人构成的整个社会作为规范所拥有的独自价值观念，就变得不可或缺。

不过，这里想要尝试的最终目的反而在相反的方向。也就是说，通过青铜器在中国古代社会中具有极其重要的意义这一事实，把握中国古代社会的特殊存在形式，把握这样的社会特征在人类精神的历史发展中占有怎样的位置，才是这一尝试的终极目标。当然，毫无疑问，这并不是一个角度、一个方向的探索，而是在青铜器的意义、功能和当时的社会制度以及支撑它的价值观念之间不断往复，通过相互加深对双方的理解，才能期待取得一些成果。

关于古代器物的实用功能，可以通过对器物的形态，如果是考古发掘出土的文物，通过对出土时的位置关系的分析等，就可以了解其大概。实用功能基本上是可以测算的。与此相对，非实用性意义因建立在人们之间形成的默契认识之上，所以很难找出可以测量它的要素。而且，当建立这种默契认识的社会基础发生变化，人们的精神结构也随之改变后，要准确把握一个物品在古代社会中的非实用意义，就变得更加困难。以日本的情况来说，有这样一个例子，弥生时代盛行制作铜铎，它在当时社会无疑具有重要意义和作用，但紧接着的下一个时代的人却完全忘记了这一点，偶然有铜铎出土，但对那时的日本人来说，它已经变成一个不可解的东西了。①

殷周时代制作的青铜器至今仍保留下来不少。不仅在中国，在世界各地的博物馆和美术馆都陈列着形态各异的青铜器作为镇馆之宝。但如果只是以美术鉴赏的方式来看待青铜器，是无法理解青铜器在过去文化中所具有的意义的。例如，"青铜器呈现的以青绿色为基础的古色，与厚重的器形很相配"这样的鉴赏语言，在说明青铜器原本是像黄铜一样闪闪发光的颜色时，就会变得毫无意义。我们必须清楚地认识到，殷周时代人们对青铜器的看法和现在的

---

① 出土铜铎的记录，在奈良朝以前就可以看到，但当时人已经无法理解铜铎是什么性质的文物了，只能根据臆测，胡乱地进行解释。参见鸟居龙藏《我が国の銅鐸は何民族が残したものか》，《人類学雑誌》38卷4号，大正十二年（1923年）。

我们有相当大的差异,有必要深入理解他们的看法,哪怕是一点一点深入。

虽然这样说,但进入到殷周时代人们的精神世界,用和他们一样的眼光去看青铜器,这对于人类精神与社会结构都发生巨变的现代人来说,几乎是不可能的。不过,还原古人观念的道路并没有完全封闭。例如,古文献中保留了许多关于青铜器的记载,这些记载为了解当时人是如何看待青铜器的提供了重要线索。记载青铜器自己到处活动的文献记录,由于这是现实中不可能发生的虚构故事,反而传达了这样一个信息,即当时人对青铜器怀有一种与我们不同的独特观念。从这一记载可以推测,当时人认为青铜器是一种生物,有自主意志。青铜器上各种奇怪的图案也与此有密切关系。

在这类神话、传说以外,作为文献资料,以《仪礼》《周礼》《礼记》为代表的中国古代礼书一直流传至今,这些礼书详细记录了礼仪场合青铜器是如何使用的。不过,礼书直接详细记述青铜器非实用功能的内容并不多。《仪礼》等书只是平铺直叙地记述礼仪的进行过程,甚至可以看出它在有意回避说明为什么要采取这样的程序。然而,即便确实如此，通过提取仪式场合有关青铜器使用方法的记述，对其进行比较研究，仍有可能提炼出这些物品所具有的象征性功能。这是因为在很多场合下，通过仪式上参与者之间以及参与者和供奉的物品之间的象征关系，就可以反映出当时社会的基本观念了。

更为幸运的是，商代末年至西周时期制作的青铜器，不少都铸有铭文。这些铭文，从简单的符号到长达数百字的文章都有，主要记录了该器物的制作机缘。以文章的形式表明，这件青铜宝器是以什么事件为背景、以什么为目的制作的。这些当时人记录下来的文字，光从外面眺望是得不到任何线索的，却无疑是思考青铜器非实用功能的基础，提供了当时人的直接言论。

通过语言，还可以把没有具体形态的东西，例如只存在于人们心中的观念固定下来，文字记录能让这些抽象事物的信息跨越时间和空间传播开来。青铜器铭文也是当时人留下来的重要言论。当然，通过语言将观念固定下来时，常常会带有那个时代与社会特有的偏见，并且传播过程中也不可避免地会发生变形。但是，通过深入的比较研究，仍可以窥见这些偏见和变形背后未经变形的观念原貌，而且，也一定可以从这些偏见与变形中找到每个时代特有的价值观的影子。

通过这些神话传说和礼仪、青铜器铭文（亦即金文）等几种基础资料，提炼出青铜器在当时社会中所具有的非实用功能，并最大可能地复原支撑这种非实用功能的人们之间形成的默契认识的实际情况，就是本书尝试去做的。特别是，社会对青铜器的默契认识并不仅仅限于某个特定场合的约定，还与支撑当时政治体制的一些基础观念密切相关。青铜器在那个时代的重要性，不在于它是工艺美术精华，而在于它与支撑当时社会的基本理念息息相关。

这样，青铜器的存在，作为中国古代文明成就的精华之一，除了工艺美术达到的高度外，还以结晶化的形式展示了当时人的心灵世界，十分珍贵。而且，青铜器的制作处于商周时代工艺技术的顶峰，可能也与该技术由国家进行管理有关，青铜器的制作、赏赐、使用过程中所反映的各种规范和限制，也与支撑当时国家统治的基础观念以及将这一观念具体化的统治制度密切相关。

《论语·述而》篇记载，孔子晚年时曾叹息自己不复梦见周公。周公旦是一位传说中的圣人，他整顿了西周王朝的政治体制，制定了礼乐。孔子因周公旦的缘故，对西周王朝的统治体制及其文化产生了极大的憧憬。正如孔子所代表的那样，儒家思想家们将西周初年的统治与文化作为理想社会来描绘，尝试再现这种理想的儒家思想直到后世都是支配中国社会的基础观念。

青铜器铭文中强调天命的重要性，也经常提及保持德和献给祖先的孝。当然，西周时代青铜器铭文中的天命、德、孝等观念，与后世儒家所使用的这些词汇的含义存在着不容忽视的差异。但是，这些词汇在被儒家思想凝练以前，是作为与上述青铜器的制作和使用背后、连接人们之间的默契认识密切相关的东西而存在着，这种默契认识从根本上支撑了西周的政治体制。也就是说，青铜器上凝结的早期王朝时期人们的价值观念，尽管在时代变迁中不断变形，但主要采取的是儒家思想的形式，对后世的中国社会也产生了很大的影响。探求青铜器所具有的意义，对于考察构建传统中国社会的基本观念，可以说是必不可少的工作。

日本的传统文化也与儒家思想有着割不断的联系。因此，搞清楚青铜器所蕴含的古代中国人的观念，即便是间接的，仍是一条通往更好地理解日本现代文化之路。

第一章

禹之九鼎

1 禹与中原文化

禹王与尧、舜并称为"尧舜禹",是中国古代传说中的圣王之一,他治理了席卷中国全境的大洪水,创立夏王朝,成为开国君主(图2)。禹王奋斗治水的事迹,可以通过《楚辞·天问》篇了解其大概(《楚辞》收录了晚至秦汉时期的歌谣作品),《尚书·禹贡》篇也系统地记录了禹王建立秩序的九州(中国全境)统治机构。此外,在战国诸子的议论中,也有很多零星提到禹的事迹。这些战国至秦汉时期编纂的文献强调了禹王身为统治者的功绩,这大概是原本具有很强神性的禹被去宗教化和历史化的结果吧。推测时代越早,强调禹为神话英雄的传说可能流传越广。①

---

① 关于禹的治水神话,有很多研究。参见顾颉刚《古史辨》第1册(1930年)对问题的提出。

中国古代天命与青铜器

图2：禹王　东汉时期武氏祠画像石所画，手持耜。

《诗经》中,创作年代可以追溯到西周后期的《大雅·文王有声》篇是这样歌颂禹的事迹的:

> 丰水东注,维禹之绩。
> 四方攸同,皇王维辟。
> 【白话译文】①
> 丰水东流,是禹治水的成果。
> 四方的人们会同到这里,光辉的王才是真正的统治者。

这首诗歌颂了周文王、武王在丰邑、镐京之地(今西安市西南郊)定都的事。说禹王对都城附近流淌的丰水(今沣河)进行治理,确定了如今的流向,明确说周族的都城建造也以禹的治水工程为基础。就像日本立都京都时的情形一样,居民也唱赞歌说,鸭川的水之所以像现在这样流淌,是拜太古时期某个神话英雄所赐。

《诗经》的《小雅·信南山》篇则从另一个角度歌颂了禹的事迹:

> 信彼南山,维禹甸之。
> 畇畇原隰,曾孙田之。

---

① 译者按:此为作者对原文大意进行白话翻译。下同。

我疆我理，南东其亩。

【白话译文】

就是那座南山，是禹修整的。

开垦的原和湿地上，子孙们在耕田。

我们把它分块整理，向南、向东修筑田埂。

诗中唱道，禹整理大地时，把自己耕地南面连着的群山也改变成现在的样子；开垦了南山脚下的小高原和湿地，我们的子孙们在这里努力耕作。这首诗中的禹，绝对不是道德高尚、超越凡人的圣王，而是为歌手们的日常生活奠定基础条件的远古先达。诗中唱道，禹的神话事迹奠定了我们每天劳动的基础，继承禹的事业，我们这些"曾孙"也在努力进行农耕生产。对于周族人来说，禹与其说是古代其他王朝的创立者，不如说是与自己现在生活密切相关的文化英雄更合适。

此外，西周时期的青铜器铭文中也有直接提到禹的事迹的。最近公布的称作豳公盨（盨是盛放谷物的容器名）的青铜器铭文中就有这样的内容。这件青铜器，从其上的鸟纹等来看，肯定是西周中期前后制造的。其铭文如下（图3）[①]：

> 天令禹敷土，墮山浚川。乃畴方执征，降民监德。乃自作配乡民，成父母，生我王作臣。厥沫唯德，民好明德，忧才天下，用厥昭好，益□懿德。康亡不楙，孝友邻明，经齐好祀，无神心，好德婚媾。亦唯协天，厘用孝申，复用猷禄，永孚于宁。燹公曰：民唯克用兹德，亡悔

【白话译文】

天命令禹，发出整顿大地、摧毁险峻的山岳、深挖河川[以治理洪水]的指示。于是，禹划分地域[设了九个州]，确定各个州的长官，下到人民中去，观察民众德的情况。就这样，禹在地上作为天的代理人，引导民众，成为民众的父母，成为我们的第一个王，给臣下制定了规矩。

禹王和他的臣下们之所以都勤于德，是因为民众仰慕拥有光辉德的人，忧心天下，让[人们]建立友好关系，恩义关系越来越深厚。在安定的情况下也不懈努力，珍惜人际交往，发挥聪明才智，[对神]小心谨慎，不懈怠祭祀，没有反抗之心，加深与有德者的交情，结

---

① 关于燹公盨，参见《华学》第6辑（2003年）所收的几篇论文。

中国古代天命与青铜器

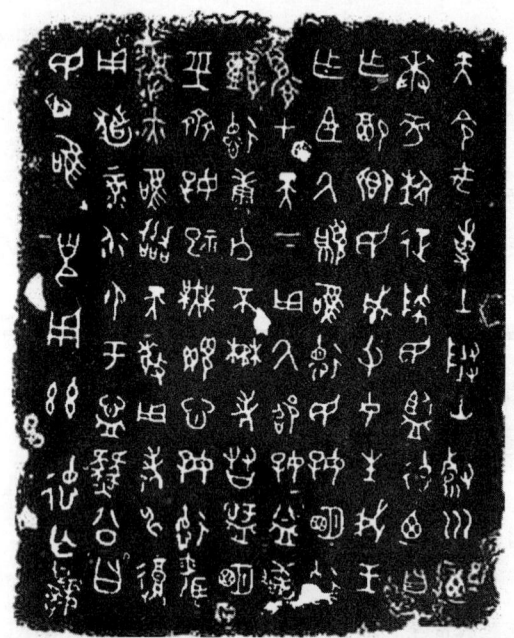

图3：燹公盨（保利艺术博物馆藏）

盨是盛放供神谷物的容器

为婚姻关系。禹的这些行动真正符合天意,更加努力尽孝(祭祀祖先),得到很多好运,实现了永远的安宁。

燹公说:"[和禹的时代一样,]让人们充分发挥德的作用,不做后悔的事才好。"

铭文中没有说这件青铜器是在什么机缘和目的下制作的,在已知青铜铭文中未见到类似情况,是个特例。这件青铜器及其铭文在公布之初,人们对于西周中期前后已经存在这样有关禹的观念,感到非常震惊。如果仅仅流传下来这篇铭文,从它和《尚书》的《禹贡》《洪范》等篇内容多相重合来推测,很可能会判定它是以战国时期的观念为基础伪造的。但是,只要直接观察北京保利艺术博物馆陈列的青铜器,并通过拓片核对铭文,就不会有任何怀疑。

正因为没有其他类似的例子,所以燹公盨铭文的内容有一些难懂的地方,上文所示只是临时的译文。不过,即使在难以读懂的情况下,还是可以把握全文主旨的。亦即,禹接受了天"命",让大地安定下来,确定了君臣关系,给人们制定了生活规范。站在禹王奠定的基础上,现在的王及其臣下也要致力于德,笃于人际关系,确保社会安定,这就是这篇金文的全部内容。在这里,禹王奠定的不仅是人们现在的生活基础,还有社会关系基础。而且,值得注意的是,它强调成为禹王事业基础、一直传承到现在的是"德"。

如果将这篇铭文中的"生我王作臣"一句解读为禹"创设了我们的王(王位),并确定了臣下的位置",就意味着当时已经有了这样的观念,即现在的君臣关系是由禹王打下基础的。在这件青铜器的制作时代,周王和以夒公为首的臣下之间结成的君臣关系,若溯其根源,也被认为是由禹确定的。

禹对于周族人来说,并不是比上一个王朝商(殷)还要早的夏王朝的创立者这样的外人。《诗经》的《信南山》篇歌唱我们这些"曾孙"在禹建立秩序的大地上进行耕作,反映的大概也是同样的意识。《诗经》的《鲁颂·閟宫》篇唱到,周族的始祖后稷教人们农耕,"奄有下土,缵禹之绪(拥有这片大地,继承了禹的事业)"。禹对于周族成员来说,即使在谱系上没有直接联系,但仍认为他是奠定农耕基础的文化英雄,是自己的祖神之一。

从周人的这种传承来看,推测禹神在被看作是夏这个特定王朝的创立者之前,曾存在一个把他看作是中原各民族共同文化英雄的时期。夏文化这一观念也可以认为是来源于新石器时代后半期的中原地区文化传承的一大总结。

禹是介于神与人之间的神话英雄，给以大洪水为象征的原始混沌状态建立了秩序，将大地建成现在这个样子。这个英雄是位于这个现实世界起点的神，他最大的功绩是建立了大地的秩序，每年开始农耕的时候，包括居住在陕西地区的周人在内，广大中原地带的农耕民们就会想起他，祭祀这位神话人物。禹死后变成社神（土地神）是有其必然性的。

禹作为人王被置于夏王朝谱系的开始，应当是后世将众神谱系化的结果。推测原本夏王朝的谱系应当是从被说成是禹的儿子启王开始的。"启"的名字本身就暗示了这一点。"启"字正如甲骨文所见，是模仿开门样子的象形字。从开门引申为开始的意思。被列为夏王朝第二代君主的启，本来可能是王朝的第一代君主，因为他开启了夏王朝的门，所以称作"启"。

夏王朝的启王，若拿日本古代来说，相当于尊称为"肇国"的统治者。由于在原来的谱系上，后来加上了禹王，结果出现了第二代王却叫"启"的矛盾现象。传说中，禹王的事迹与启的事迹有不少重合的地方，可能也是因为原本是关于夏王朝第一代君主的传说,在不同场合,有时被说成是禹的事迹,有时被说成是启的事迹,结果导致两人的传说有许多重合之处。

如上所述,禹这个神话英雄,原本超越了特定王朝统治者的范畴,对生活在包括陕西盆地在内的中原地区的人们来说,是作为各部族共同的祖神而崇拜的。这个阶段的禹王的基本性质是建立大地秩序的神话英雄。当整个中国大地都淹没在原始的大海之下时,禹的父亲鲧从天上盗来可以自己增殖、称作"息壤"的土,将它撒在大海上。"息壤"增殖后,变成了现在大地的基础。鲧因为这件事受到天帝的责备,被判处死刑。和希腊神话中的普罗米修斯一样,鲧是牺牲自己、给人们带来巨大幸福的英雄。

禹继承了父亲鲧的事业,让由息壤增殖而成的——借用日本神话的说法,"像脂肪一样浮在水上,像水母一样漂浮着"——原始大地最终安定下来,形成了现在的大地。正如《左传》昭公元年刘定公所说:"微禹,吾其鱼乎!(如果没有禹,我们还是鱼呢!)"假如没有禹,我们一定还处在和文化制度、政治体制等无缘的状态,至今仍和鱼一样,在原始大海中游来游去,或许这样更幸福也未可知,但人类却选择了拥有文化之路。

禹为了让大地安定下来,采用了将大地踩踏结实的方法。禹亲自巡查大地的每个角落,足迹遍布大地,无所遗漏,踩踏镇压大地,让它安定下来。脚踩大地行走,让行走范围内的土地安定下来的巫术称作"步"。西周时代的金文中记载周王"步"到某某地,其背后也蕴含着王将沿途的土地踩踏结实,它们就会切实变成周王朝的领土这样的宗教意味吧。后世的道士们通过"禹步"的特殊步法,踩踏镇压道教仪式场所,无疑也是承自禹这一神话事迹的仪式。①

2 九鼎的铸造

禹王铸九鼎的传说,自古就在流传。②《春秋左氏传》是最早提及此事的古代典籍之一。《左传》宣公三年(公元

---

① 参见小南一郎《大地の神話——鯀・禹神話原始》,《古史春秋》2号,1985年。
② 关于禹之九鼎的传说,有顾颉刚《九鼎》(《史林杂识初编》,中华书局,1963年)、唐兰《关于夏鼎》(《文史》第7辑,1979年)、好并隆司《鼎のゆくえ——周から漢へ》(《岡山大学法文学部紀要》40号)、近藤乔一《九鼎と金人——中国古代王權のシンボル》(《アジアの歴史と文化》第10辑,2006年)等众多论文。

前605)记载了楚庄王"问鼎之轻重"的事件。被问轻重的鼎是周王朝王权的象征,楚庄王想把它从周的都城运到楚国。庄王一旦得逞,就可以夸示自己掌握了天下的统治权。其记载如下:

> 楚子伐陆浑之戎,遂至于雒,观兵于周疆。定王使王孙满劳楚子。楚子问鼎之大小轻重焉。对曰:"在德不在鼎。昔夏之方有德也,远方图物,贡金九牧,铸鼎象物,百物而为之备,使民知神、奸。故民入川泽山林,不逢不若,螭魅罔两莫能逢之。用能协于上下,以承天休。桀有昏德,鼎迁于商,载祀六百。商纣暴虐,鼎迁于周。德之休明,虽小重也。其奸回昏乱,虽大轻也。天祚明德,有所厎止。成王定鼎于郏鄏,卜世三十,卜年七百,天所命也。周德虽衰,天命未改。鼎之轻重,未可问也。"

【白话译文】

楚国国君讨伐陆浑之戎,进军到洛水边时,就在紧邻周国界的地方,采取军事示威行动。周定王派遣臣下王孙满作使者,犒劳楚君[同时和楚王谈判,让其退兵]。席上,楚国国君问周鼎的大小、轻重[暗示如果他能得到象征王权的鼎,就会退兵]。

第一章 禹之九鼎

王孙满回答说："[周之所以拥有王权]是因为周有德,与是否保有鼎无关。从前,夏王朝保持盛德的时候,命远方各国图画住在自己地域内的众神,命九州长官上贡各自产的铜矿石,铸造成鼎,鼎上画出众神的图像。所有神的形象都画在了鼎上,预先给了人们有关善神和恶神的知识。结果,当人们进入山林川泽时,就不再遭遇邪恶的东西,魑魅魍魉之类也不再袭击人们,灾害也不再降临了。就这样,众神与人类之间的关系得到调和,夏王朝能够得到天的护佑。

[到了夏王朝末年]桀王丧失其德的光辉,这个鼎就转移到了商王朝那里。商王朝保有天下六百年,因[其末代王]纣行暴虐,鼎又转移到了周王朝。

当王朝德盛辉煌时,鼎虽小犹重。反之,若作恶失去德的光辉时,鼎虽大犹轻。天赐予保持光辉德的王朝好运,鼎也会留在那里。[在我们周王朝]成王将鼎安置在洛阳之地时,曾进行占卜,得到的结果是,王位会持续三十代,统治天下七百年,这是天的命令。周王朝保持的德虽然有了阴影,但天命还没有改。还不允许问鼎的轻重。"

从《春秋左氏传》的记载可知,周王朝流传着象征王权的鼎代代相传的说法。除了日本的天皇现在还拥有三种神器

（玉、镜、剑）外，各文化地区的古代、中世纪王权经常伴随着象征王权的器物，而在中国，这种器物的代表就是青铜制的祭器鼎。这无疑也是直接反映青铜器在中国古代文明中具有重要"意义"的传说。

顺带提及，《春秋左氏传》的上述记载显然是以周王朝必将遭遇灭亡命运为前提书写的。《左传》中可以看到不少预言故事，这些预言基本上都实现了。这类内容的特点似乎暗示，已成历史事实后，预言这一事实的故事才形成。推测这个预言周王朝灭亡的故事的最终定型，是在秦庄襄王吞并周王国、东周王朝灭亡（公元前256年）之后，或者即便再早一些，也是在东周王朝灭亡已成定局的时期。

《左传》记载说庄王所问之鼎是夏王朝制作的，但没说是禹王作的。它还说让九个地方长官（九牧）上贡铜原料，但也没有明确说制作的鼎是九个。或许在这个阶段的传说中，"禹之九鼎"的观念还没有固定化。不过，关于鼎的数量，《春秋左氏传》桓公二年条记载："武王克商，迁九鼎于洛邑（周武王征服商王朝后，将九个鼎迁到了洛邑）。"虽然它说将九鼎迁到洛邑（洛阳）的周王是武王，和宣公三年记载的成王不同，但它提到了九鼎，因此宣公三年所记故事中的鼎也是九个的可能性很大。

另外，东汉时代许慎编撰的字书《说文解字》"鼎"字条转引了《左传》记载的传说，但文字略有改变。其记载如下：

> 鼎，三足两耳，和五味之宝器也。昔禹收九牧之金，铸鼎荆山之下。入山林川泽，离魅蜽蛧莫能逢之，以协承天休。

【白话译文】

> 鼎有三个足和两个耳（两个提手），是用于调理五种味道食材的宝器。从前，禹让九个地方长官上贡铜矿石，在荆山下铸造鼎。因为造好了这个鼎，即使进入山林川泽，也不会再突然遭遇魑魅魍魉了，就这样充分地接受了上天的恩惠。[①]

它说鼎是禹在荆山脚下铸造的。顺便说一下，被认为是更古老中国的统治者黄帝，据《史记·封禅书》等记载，也曾"采首山铜，铸鼎于荆山下（采掘首山的铜，在荆山铸

---

① 《说文解字》第七篇上。

鼎）"。不过，注释书等解释说，黄帝的荆山是河南省灵宝县的荆山，禹的荆山是陕西省富平县的荆山，两者是不同的山。但或许可以推测，原本有一个太古帝王在荆山铸鼎的传说，后来分化为禹铸鼎和黄帝铸鼎两个传说，结果导致铸造场所也变成了两个。

传说周王朝作为神器传承的青铜鼎是在夏王朝兴盛时铸造的，历经夏、商两个王朝后，来到了周王朝，这个传说赋予了它权威。据说，铸造这个鼎时，调集了各地的铜矿，在鼎的表面铸上各地众神和精灵的样子。这大概是以春秋战国时期人们的共同认识为基础，将其故事化后的产物，他们认为商周时期青铜器表面所铸的饕餮纹（兽面纹）等奇怪的图案，描绘的是天下各地特别是遥远异域之地的众神和土地精灵的形象（图4）。以土地精灵为媒介，青铜器与土地之间在观念上紧密地结合在一起了。

鼎为九个，对应禹统治九州的观念。在《尚书·禹贡》篇中，关于禹王治水整顿的九州，几乎都分条罗列了各州的土壤特性、耕地品质、向各州征收的贡品名称。此处省略其中部分内容，以表格形式来反映，作成了下表：

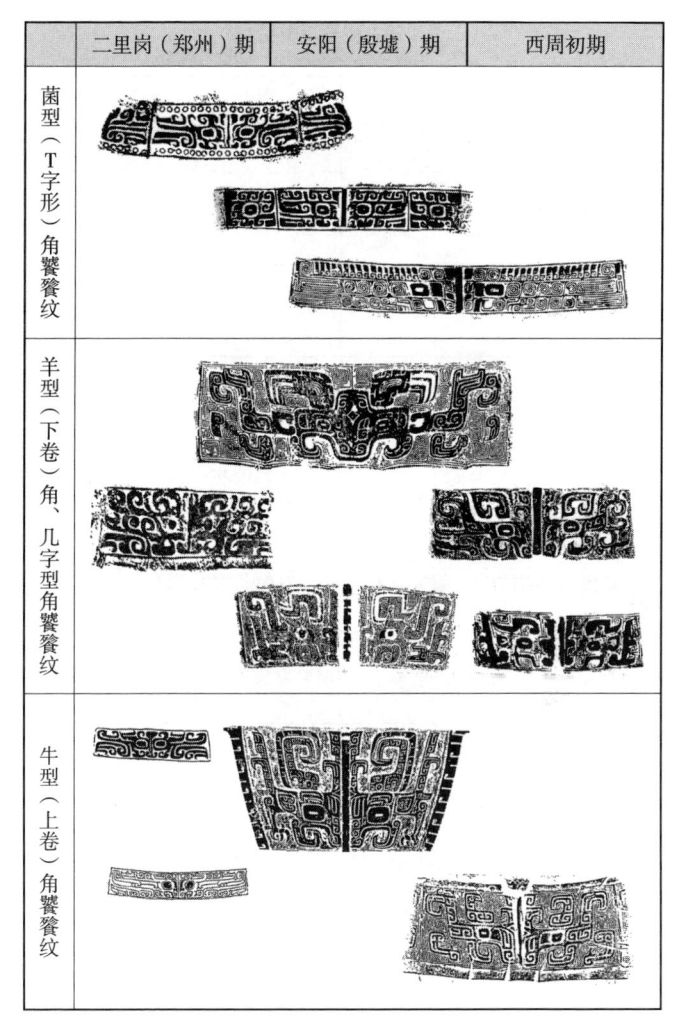

	二里岗（郑州）期	安阳（殷墟）期	西周初期
菌型（T字形）角饕餮纹			
羊型（下卷）角、几字型角饕餮纹			
牛型（上卷）角饕餮纹			

图 4：饕餮纹编年

禹的九州及其贡品

九州	土	田	赋	贡	筐	包
冀州	白壤	中中	上上错			
兖州	黑坟	中下	贞	漆丝	织文	
青州	白坟	上下	中上	盐绮海物	㮙丝	
徐州	赤埴坟	上中	中中	土五色等	玄纤缟	
扬州	涂泥	下下	下上上错	金三品等	织贝	橘柚
荆州	涂泥	下中	上下	羽毛齿革等	玄纁玑组 九江大龟	
豫州	壤坟卢	中上	错上中	漆枲绤纻	纤纩	
梁州	青黎	下上	下中三错	璆铁银镂砮 磬织皮		
雍州	黄壤	上上	中下	球琳琅玕		

第一章 禹之九鼎

正如这张表所示，它记录了九州各州的土壤质量和田地等级，并详细规定了向各州征收的贡品品种，可以说它是以建立大地秩序的禹神事业为基础的一套行政制度。

正因为禹将天下土地分为九州，所以制作了九个鼎，一个鼎代表一个州。拥有九鼎就象征着拥有了王权，是因为一个鼎寓意着统治一个州的土地，集齐了九鼎，就象征着掌握了九州，亦即全天下。可以看到当时的观念认为统治的本质在于领有土地，青铜器就是将土地所有权以具体器物形式展示出来的宝器。

另外值得注意的是，公孙满说，九鼎只在一个王朝真正保持"德"的时候才会留在那个王朝，如果君主的德暗淡下来，九鼎就会转移到另一个王朝。他的意思是，楚王纵使夺取了神器九鼎，但如果楚王无德的话也没有意义。由此可知德的观念与鼎（青铜容器的代表）密切相关。而且，统治者"德"的情况要时常受到天的监察。统治天下的权力，作为反映天的意志的"天命"，只授给拥有光辉德的人。青铜器与德和天命的观念融为一体，与当时统治机构的理念背景有着密不可分的关系。关于天命与德观念的详细讨论，拟在本书后半部分进行。

3 鼎的争夺

关于传国九鼎，到战国后期开始流传更为夸张的故事。《墨子·耕柱》篇记载了一则故事：

> 昔者夏后开，使蜚廉折金于山川，而陶铸之于昆吾，是使翁难雉乙卜于白若之龟，曰："鼎成，三（四）足而方，不炊而自烹，不举而自藏，不迁而自行。以祭于昆吾之虚，上乡！"乙又言兆之由，曰："飨矣！逢逢白云，一南一北，一西一东。九鼎既成，迁于三国。"夏后氏失之，殷人受之；殷人失之，周人受之。夏后殷周之相受也，数百岁矣。

【白话译文】

从前，夏王朝的君主开（启），命飞廉从山泽中挖掘青铜原料，在昆吾之地铸造鼎。鼎完成后，命伯益杀鸡，把鸡血涂在鼎上，烧白若龟的甲壳进行占卜。占卜时唱道："鼎完成了，四足而方形，不生火也能自动炊煮，不担起它也能自己回到保管场所，不挪动它也能按自己的意志行走。用这个鼎，在昆吾之墟举行祭礼，祈祷众神好好接纳这个祭祀吧。"又述说占得的兆："众神啊，请享用祭礼。逢逢涌出的白云啊，飘向南飘向北，飘向西飘向东。[就这样]九鼎做成后，会移往三个王朝吧。"

夏后氏（夏的统治者们）失去鼎后，殷人得到了它；殷人失去鼎后，周人得到了它。夏后氏、殷、周先后继承了鼎，保有的时间分别数百年。①

它记载说传国鼎有九个，但制作鼎的人不是禹，而是他的儿子启。另外，文本也和其他文献存在差异，鼎的形状不是普通的三足鼎，而是四足方鼎。或许是认为四足更便于像动物一样，按照自己的意志来回移动（图5）。此外，鼎完成后，首先要涂抹鸡血，举行器物的圣别仪式——"衅"礼，饶有趣味。

《礼记·杂记下》篇中也可见到下列记载：

> 凡宗庙之器，其名者成，则衅之以豭豚。

【白话译文】

宗庙用的祭器中，有铭文的器物做成后，要举行用猪衅（涂抹血液）器的仪式。

---

① 参见孙诒让《墨子间诂》的校定。

安阳期　　　　　　　殷代末年

西周时期

图5：方鼎

本书封面的方鼎是年代更早的二里岗时期的。

虽然这里使用的是猪血，但也说宗庙祭器铸造完成后，只有通过"衅"的仪式，涂抹上动物的血，进行圣别后，才能用于实际的祭礼上。上文译作"有铭文的器物"部分，原文作"其名者"，注释解释说是尊彝之类。原文中的"名"通"铭"，在众多祭器中，有铭之器或许是因为特殊才受到重视。如果这个推测正确的话，那么铸造有铭文的青铜器，比起一般的青铜器铸造，是更为慎重、事前需要特别用心准备的一项工作。

关于起源于夏王朝的传国之鼎，相比前文所引《左传》的记载，《墨子·耕柱》篇的叙事中出现了蜚廉（风神，可能与铸造技术有关），还可看到"昆吾"的神话地名等等，整个故事的空想色彩浓郁了很多。这个故事虽然仍以青铜祭器的古老传说为基础，但可以看出正朝着趣味性方向扩展。

关于鼎从夏王朝转移到商（殷）王朝之际的传说并没有传下来多少。在这些为数不多的史料中，时代稍晚的皇甫谧的《帝王世纪》中可见到下列记载：

汤即天子位，遂迁九鼎于亳，至大坰而有惭德。

【白话译文】

[商王朝的第一代王]汤王即天子位后，马上将九

鼎迁到了（他的都城）亳。鼎运到大坰这个地方时，汤王情不自禁地感到有愧于"德"。[①]

原文中的"有惭德"，结合其他文例来看，应当是说汤王对依靠武力推翻前王朝，将象征权力的宝器收归己有这件事，内心感到惭愧。汤惭愧的是，鼎会自动移动到有德者那里去，但自己却不是依靠德的力量，而是凭借武力获得的它。同时也如后文所见，由于青铜祭器与特定的地域（土地）有密切关系，因此移动祭器有许多忌惮。汤王之所以在大坰这个地方反省，很可能是因为这里是边界，跨过这里，就意味着切断了青铜器与原来土地的结合。坰是都城远郊的意思。

推翻殷王朝的周王朝，又将殷王朝传下来的九个鼎迁到了洛邑（洛阳）。言及此事的文献记载，相比殷的汤王来说，要多很多。与周武王和成王有关的《春秋左氏传》的记载，前文已经列举过。更为详细的记述见于《逸周书·克殷解》的下列记事。它记述了周武王攻陷殷的都城，杀死纣王后，于次日举行的仪式：

---

① 徐宗元:《帝王世纪辑存》，中华书局，1964年。

周公把大钺，召公把小钺，以夹王。散宜生、泰颠、闳夭皆执轻吕以奏王。王入，即位于社。太卒之左，群臣毕从。毛叔郑奉明水，卫叔封礼，召公奭赞采，师尚父牵牲。尹逸策曰："殷末孙受，德迷先成汤之明，侮灭神祇不祀，昏暴商邑百姓。其彰显闻于昊天上帝。"武王再拜稽首。"庸受大命，革殷，受天明命。"武王又再拜稽首。乃出。

立王子武庚，命管叔相。乃命召公释箕子之囚，命毕公、卫叔出百姓之囚，表商容之间。乃命南宫忽振鹿台之钱，散巨桥之粟。乃命南宫百达、史佚迁九鼎三巫。

【白话译文】

周公手持大钺（钺是斧形武器），召公手持小钺，在武王两侧随从。散宜生、泰颠、闳夭都手握轻吕之剑护卫王。

王进入祭场，站在社（土地神）庙的前庭。近卫兵在王的左侧戒备，群臣都在王的后面随从。毛叔郑奉上明水（祭祀用的净水），卫叔封担任整个仪式的辅佐，召公奭在[王]向神供奉采币时赞助，师尚父牵着牺牲动物进入祭场。

尹逸宣读策书，说了下段话："殷的末孙受（纣王），迷失了其先祖汤王光辉的德，轻视众神，不行祭祀，毫无缘由地虐待居住在商国各邑众多的部族民。他的恶行传遍了天下,也传到昊天上帝(天帝)的耳朵里。"武王行再拜稽首礼。"祈求身受大命,革去殷王朝所受天之明命。"武王再次行再拜稽首礼,然后走出祭场。

分封殷的王子武庚为诸侯,命管叔担任其国宰相。然后命召公将纣王囚禁的箕子从牢狱中放出来,命毕公和卫叔从牢狱中释放了许多囚犯,在[贤者]商容居住的间(聚落)里挂上牌匾(以表彰他的行为)。接着,命南宫忽将鹿台里的钱送给人们作生活费,将巨桥仓库里的谷物发放给人们。之后,又命南宫百达和史佚运送九鼎和三巫(宝玉)[从殷都到洛阳]。①

周武王在攻陷殷的都城、杀其君主后,在土地神庙,面向北面的天帝,举行了将殷王朝保有的天命由周王朝代而受之的仪式。作为随后采取的各种战后措施之一,将九鼎和三巫运到了周的都城。同样是王权的象征,和九鼎一同掠夺来的"三巫"到底指什么,目前还不太清楚。与《史记·周本纪》的记载进行比较,认为"三巫"是宝玉的说法看起来最有说服力。

---

① 《逸周书》朱右曾校释本。

第一章 禹之九鼎

《逸周书·世俘解》还记载：

> 辛亥，荐俘殷王鼎，武王乃翼矢珪矢宪，告天宗上帝。
>
> 【白话译文】
>
> 辛亥日，将捕获的殷王鼎供奉在神前，武王于是小心翼翼地摆好珪玉和宪令，向天宗（天上的众神）和上帝举行告礼。

在周向天上众神报告推翻殷王朝的仪式（告）上，把从殷那里获得的传国鼎摆在了神的面前。

西周初年运到洛邑的鼎，在西周王朝一直作为宝器保存着，之后又原样被建都洛邑的东周王朝继承下来，这恐怕是编造出来的虚构历史。以这一虚构历史为前提，战国后期，列国觊觎王权，展开了九鼎争夺战，《战国策》中甚至留下了好几个这样的故事。

例如，《战国策·秦策一》记录游说家张仪在秦惠王面前进行游说，就把九鼎与天下统治结合起来去论说：

> 秦攻新城宜阳，以临二周之郊，诛周主之罪，侵楚魏之地，周自知不救，九鼎宝器必出。据九鼎，按图

籍，挟天子以令天下，天下莫敢不听。此王业也。

【白话译文】

秦攻打新城和宜阳，进军到东西二周（指洛邑的东周王朝。当时，周从内部分裂为两个）的郊外，宣告周王有罪，[另一方面]让军队侵入到楚和魏的领地[阻止这两个国家进行干涉]，周意识到哪儿也不会伸来救援之手时，就会交出九鼎等宝器[用来求和]。凭借到手的九鼎的权威，按察地图和户籍，按照自己的意志挟持天子，向天下下达号令，天下人没有敢不听从您命令的。这才是王者的事业。

《战国策·东周策》还记载了颜率为周奔走游说，以防九鼎为秦、齐等强国掠夺的故事：

秦兴师临周而求九鼎。周君患之，以告颜率……颜率曰：……夫鼎者，非效醯壶酱甄耳，可怀挟提挈以至齐者；非效鸟集乌飞，兔兴马逝，漓然止于齐者。昔周之伐殷，得九鼎，凡一鼎而九万人挽之。九九八十一万人，士卒师徒，机械被具，所以备者，称此。

【白话译文】

秦兴兵，进军到周都附近，提出交出九鼎的要求。

周王一筹莫展,把这件事告诉了颜率……(颜率与齐王约定赠以九鼎,乞求齐国的援助。因齐国出兵,秦从周撤兵。齐王按约定请求周交出九鼎。)于是颜率[告诉齐王]说:"……鼎,不是像盛腌菜的壶或装酱油的瓶那样可以揣在怀里、提在手上、拿到齐国去的东西。也不会像鸟栖息在树上、乌鸦飞翔、兔子跳跃、骏马疾驰那样自己跑到齐国去。当初周讨伐殷得到九鼎时,一个鼎要用九万人才能拉走它。[九个鼎,总共需要]九九八十一万人。为此需要准备的兵卒、徒夫、工具、衣服等数量,也要按八十一万人来计算。"

它记载说,颜率用这种夸张的说法,成功地让齐王对九鼎死了心。原本通过与德、土地所有等观念相结合,青铜容器可以象征天下的统治权,但在这则故事中,构成这一背景的文化要素却被无视了。战国列强们如何夺取衰落的周王朝的九鼎,相应的,周王朝如何守护鼎,在战国末年到秦汉的这一时期里流行讲述这类以趣味性为主的故事。

这个传国鼎,在东周王朝灭亡后为秦所有。在《史记·周本纪》的末尾,可见到如下记载:

威烈王二十三年，九鼎震。命韩、魏、赵为诸侯……（赧王）五十九年，秦取韩阳城负黍，西周恐，倍秦，与诸侯约从，将天下锐师出伊阙攻秦，令秦无得通阳城。秦昭王怒，使将军摎攻西周。西周君奔秦，顿首受罪，尽献其邑三十六，口三万。秦受其献，归其君于周。

周君王赧卒，周民遂东亡。秦取九鼎宝器，而迁西周公于𢠸狐。后七岁，秦庄襄王灭东（西）周。东西周皆入于秦，周既不祀。

【白话译文】

威烈王二十三年（公元前403），九鼎震动。韩、魏、赵受命成为诸侯。

赧王五十九年（公元前256），秦占领了韩的阳城和负黍之地。西周（东周王朝的分支）感受到秦的威胁，背叛秦，与诸侯们结成合纵同盟，率领天下的精锐兵力，从伊阙出击攻打秦，想要切断秦控制的通往阳城的道路。秦昭王为此大怒，命令将军摎攻击西周。西周君急忙跑到秦，顿首承认自己的罪行，将其三十六个领邑、三万口领民全都献给了秦。秦接受周的供献后，将西周君放回周。

周王赧死后，周的居民们逃亡到东方。秦俘获周的九鼎和宝器，将西周君监禁在𢠸狐之地。又过了七年，

第一章　禹之九鼎

秦庄襄王灭了东西二周，将东西二周都编入秦的领地，这样周的祭祀就断绝了（周王朝灭亡）。

这段记载开头提到的韩、魏、赵三家瓜分晋国独立，周王朝承认它们为诸侯的事件，被认为是划分春秋时代与战国时代的具有重大历史意义的大事件。晋国是西周初年由周王朝分封建国的正统诸侯。在晋国内部发展自己势力的韩、魏、赵三家劫持晋国，将其领土一分为三，而且周王室还承认以下克上的这三家为正式诸侯。西周初年奠定的西周政治秩序体制，因这一事件而遭受巨大破坏，整个中国社会进入到凭借实力就可以夺取他国领土的战国时代。

在韩、魏、赵独立，周王室认可它们为诸侯之前，九鼎震动了。九鼎似乎是在对这一事件表达不满（准确地说，是对这一时代发展趋势心怀不满的人散布说，九鼎震动是在表达它对这一事件的愤怒）。这一传说也间接表明，九鼎象征的周的王权秩序，其本质是周代初年确立的政治体制。九鼎叹息西周统治体制的衰落，震动其身躯。

《史记》的上述记载说，周王朝的九鼎和其他宝器一起

都落入秦的手中。周的传国之鼎为秦所有应当是当时的普遍看法。例如,崔骃的《河南尹箴》是这样述说的:

> 霸夺其权,宗器以分。图籍迁齐,九鼎入秦。
>
> 【白话译文】
>
> 霸者夺取了权力,宗庙宝器被瓜分。图籍迁到齐国,九鼎落入秦国。

标题中的"河南"指洛阳,这就是为什么周代安置在洛阳的九鼎会在写河南尹的箴文中提及。

不过,另一方面,周的传国鼎并没有为秦所有的说法,也根深蒂固地流传着。从《史记·封禅书》多处记录同样的说法来看,这或许是汉代方士为了取悦汉王朝讲述的故事。例如,《封禅书》中列举了下列两种说法:

> 其后百二十岁而秦灭周,周之九鼎入于秦。或曰,宋太丘社亡,而鼎没于泗水彭城下。其后百一十五年而秦并天下。
>
> 【白话译文】
>
> 从那之后过了一百二十年,秦灭周,周的九鼎为

秦所有。另外一说，说宋国的大丘社（土地神庙）毁坏时，鼎沉在彭城附近的泗水中。又过了一百一十五年，秦统一了天下。

关于鼎沉入泗水的第二种传说，大概是基于汉高祖刘邦从泗水亭长起家，想说周鼎未经过秦王朝，直接传给了汉。进入到汉朝廷的方士们强调周鼎沉入泗水的说法，应是为了取悦汉王朝。汉文帝下面的一位方士新垣平是这么说的：

> 平言曰："周鼎亡在泗水中，今河溢通泗，臣望东北汾阴，直有金宝气，意周鼎其出乎？兆见不迎，则不至。"于是上使使治庙汾阴，南临河，欲祠出周鼎。

【白话译文】

新垣平说："周鼎逃走了，沉入泗水中。现在黄河泛滥，与泗水相通。我望东北汾阴方向，分明有金玉之气。推测周鼎就要现身了。看见预兆却不积极迎接，它就不会来了。"皇帝听了他的话，派使者在汾阴南临黄河的地方修建祠庙。想在那里举行祭祀，迎接周鼎的出现。

因泗水与黄河相通，传国鼎通过水系移动漂到都城附近，人们或许把它看成了一种水生动物。据说，在新垣平做出预言后，果真有巫在汾阴祭场附近发现了埋在地下的大鼎。因为说它就是周王朝传下来的鼎，于是郑重地运送到都城长安郊外的甘泉宫，安置在了那里。《封禅书》记录了汉武帝与臣下围绕这一事件的如下对话：

天子曰："间者河溢，岁数不登，故巡祭后土，祈为百姓育谷。今岁丰庑，未报，鼎曷为出哉？"有司皆曰："闻昔泰帝兴神鼎一，一者壹统天地，万物所系终也；黄帝作宝鼎三，象天地人；禹收九牧之金，铸九鼎。皆尝亨鬺上帝鬼神，遭圣则兴，鼎迁于夏商。周德衰，宋之社亡，鼎乃沦没，伏而不见……今鼎至甘泉，光润龙变，承休无疆，合兹中山……唯受命而帝者，心知其意，而合德焉。鼎宜见于祖祢，藏于帝廷，以合明应。"制曰可。

【白话译文】

天子说："近年黄河泛滥，年成连续几年都不好。因此我巡幸各地，祭祀后土（大地之神），为民众祈祷五谷丰登。今年粮食丰收，但还没有举行感谢的祭祀。这种情况下，鼎为什么会出现呢？"

有关官员都说："传闻当初泰帝兴造了一个神秘的

鼎。'一'表示一统天地，万物都要统一归结到那里。黄帝制作了三个宝鼎，分别象征天、地、人。禹从九牧那里征集来铜的原料，铸造了九个鼎。这些鼎都是用来享应天帝和鬼神的，当圣王时代来临的时候，这些鼎就会出现。鼎从夏王朝移到商王朝，周王朝的德衰落，宋国的社毁坏后，鼎沉没在水中，隐藏了它的身影……现在鼎到达甘泉宫，它的光泽像龙一样千变万化，预兆您将会得到无穷的喜乐，中山也会遇到不可思议的大事……不过，只有接受天命的帝王，才能从内心理解这些事的意义，与'德'相合。应当让［宗庙里的］祖先的神灵看看这个鼎，将其收藏在天帝的祭场里，以回应这明显的预兆。"天子许可了他们的上奏，让他们照此实施。

回答武帝问话的有司（有关官员），应是有方术素养的官僚们。他们解释说，太古时期泰帝制作了一个鼎，黄帝制作了三个鼎，而禹铸造了九个鼎，这些数字与天地、万物的存在形态和结构密切相关。

顺带提及，东汉时期的画像石中遗留下来若干幅称作"升鼎图（捞鼎图）"的画像，描绘着将鼎从水中吊上来的情形。图上画着动员了很多人，左右分开，用辘轳把鼎吊起来的场景，但多数情况下，吊鼎的绳子都断了，人们摔了个屁墩儿（图6）。这些画像无一例外都没有附铭文等，很难知道画的是什么，但根据《水经·泗水注》的记载，其中很多画的是秦始皇想把沉在水中的周的传国鼎吊上来，却失败了的事件。不过《史记·秦始皇本纪》记载说，秦始皇巡狩途中，路过彭城时，征发了很多人潜到泗水中寻找周鼎，但没找到，没有说想把鼎从水中吊上来。不管怎样，如果升鼎图描绘的是把沉入泗水的周传国鼎吊上来的场景这一解释是正确的话，就可知道这些画像表明在当时流行的各种传说中，人们更喜欢周的宝鼎没有落入秦手中的故事。

升鼎图中特别值得注意的是，从水里吊上来的鼎中伸出头一样形状的东西，常常画的是龙头。前面已经提到，沉入泗水的鼎在水中移动等，让人觉得它像水生动物，由龙头可知，当时人认为寄居于鼎中的神灵采用的是龙的身形。关于龙这种虚构出来的动物代表什么，有各种说法。受篇幅所限，无法对这些说法一一展开详细讨论。这里只想指出一点，亦即，中国古代的龙是寄居在大地和水中的神灵，并且具备连结天地的能力。

第一章 禹之九鼎

图6：升鼎图

汉代画像石上常描绘从水中把鼎吊上来的场景。上图是出自武氏祠，下图是出自嘉祥纸坊镇的画像。龙从鼎中探出头来，可知附在鼎上的精灵采用的是龙的形象。

再附带谈一点,"升鼎图"应当不是单纯描绘历史事件的图像。这幅图之所以被画在无数图像石上,可能是因为它描绘的是现实中上演的戏剧场景。"升鼎图"不是历史画,而是描绘人们娱乐生活的艺术画、风俗画。作为当时综合性表演——"百戏"的组成部分,在舞台上搭起柱子,放上辘轳,人们左右分开,进行拉绳子的表演。推测这种竞技型戏剧可能来源于拉绳(中国一般叫"拔河")的活动。关于与农耕仪式密切相关的拉绳活动,我想另找机会分析它的起源和宗教功能。

4 仿造九鼎

汾阴出土的大鼎被安置在都城西北的甘泉宫。甘泉宫也是祭天场所。但是,没有任何证据表明这个鼎就是周王朝传下来的宝鼎。进而言之,所谓起源于夏王朝、为周王朝所继承的传国之鼎本身可能就不存在。推测关于这个鼎的各种传说,实际上是战国以后编造出来的。不过,在这些虚构故事中,中国古代人依托青铜器凝练、保存下来的各种观念却弥足珍贵。

关于安置在汉朝甘泉宫的鼎,后世没有谈及其下落的记载，认为禹之九鼎在王朝中枢传承的传说本身，到汉代以后也没有被继承下来。不过，让这个鼎复活的尝试，在后世却几度出现。在本章最后，就来看一下这些尝试中的典型例子。

唐代前期，一度篡夺唐王朝的武则天铸造了九鼎。《旧唐书·则天皇后纪》记载如下：

> （万岁登封二年）夏四月，铸九鼎成，置于明堂之庭。
> 【白话译文】
> 万岁登封二年（公元697）夏四月，九鼎铸造完成，放置在明堂的前庭。

明堂是举行天子会见诸侯等官方活动的礼仪建筑。武则天在唐的东都洛阳营建了明堂。九鼎露天放在明堂前面宽敞的前庭里。《资治通鉴·唐纪二十一》记载，两年前开始铸造九鼎：

> 天册万岁元年……又铸铜为九州鼎及十二神，皆高一丈，各置其方。

【白话译文】

> 天册万岁元年（公元695），又用铜铸造九州的鼎和十二神像。全都高一丈（3.11米）。分别放在各自的方位上。

十二神指鼠、牛、虎等十二支动物神。按鼠在北、马在南这样，将十二神按十二支的方位进行排列。与天的方位、时刻相结合的十二神应当是按圆形排列的。关于武则天铸造的九鼎，精心收集历史资料进行研究的弗拉卡索氏推测，九鼎也按圆形排列，[①]但九鼎象征大地，应当是把代表豫州（洛阳）的鼎放在中央，按方形排列吧。天圆地方的宇宙构造，是通过十二神（天）和九鼎（地）来表现的（图7）。

九鼎上分别铸上了与各州土地相应的图像。张彦远《历代名画记》卷九可见到下列记载：

> 曹元廓，天后朝，为朝散大夫、左尚方令……天后铸九鼎于东都，备九州山川物产，诏命元廓画样。

---

① Riccardo FRACASSO, "The Nine Tripods of Empress Wu", *Tang China and Beyond*, Italian School of East Asian Studies, Essays: Volume 1, Kyoto, 1988.

第一章 禹之九鼎

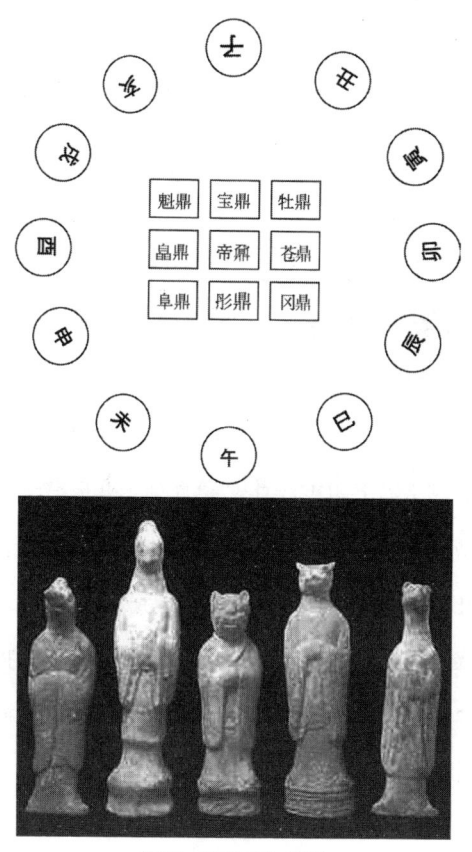

```
       ⊙士
  ⊙亥         ⊙丑
⊙戌    魁鼎 宝鼎 牡鼎   ⊙寅
⊙酉    晶鼎 帝鼐 苍鼎   ⊙卯
⊙申    阜鼎 彤鼎 冈鼎   ⊙辰
  ⊙未         ⊙巳
       ⊙午
```

图7：武则天九鼎图

　　九鼎代表大地，十二支表示大地尽头、天地相交的地方。九鼎每个鼎的名称采自《宋史》的《礼志七》和《乐志十》等文献。十二支像出土于长安唐墓，图示为子鼠至辰龙。

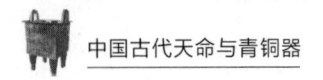

【白话译文】

曹元廓在则天武后时期任朝散大夫、左尚方令。则天武后在东都洛阳铸造九鼎,要把九州的山川、物产全都铸在上面,下诏命曹元廓画出图样。

九鼎上铸上九州的山川和物产,无疑是继承了《左传》所载原来的九鼎上铸有各地山川精灵的传说。

北宋王朝末年,宋徽宗也铸造过九鼎。《宋史·徽宗本纪》崇宁三年(公元1104)春正月有"铸九鼎"的记载,同卷还记载,崇宁四年八月,"奠九鼎于九成宫(将九鼎安置在九成宫)"。此外,同书《五行志》载:"崇宁四年三月,铸九鼎……取九州水土内鼎中(崇宁四年三月,铸造九鼎,取九州的水、土装入鼎中)",特别有趣。将各地收集的"水土"装入鼎中,象征性地表示九鼎代表天下的土地。不过,土容易理解,想知道水是怎么处理的。是将水注入土中,和成泥装进鼎中吗?

与宋徽宗的九鼎有关,当时的笔记作品、宋人朱彧所作《萍洲可谈》卷三中,介绍了一件趣事:

第一章 禹之九鼎

崇宁铸九鼎，帝鼐居中，八鼎各镇一隅……会浙中大水，伶人对御作俳："今岁东南大水，乞遣彤鼎，往镇苏州。"

【白话译文】

崇宁年间铸造了九鼎。称作"帝鼐"的鼎放在中间，其余八个鼎分别放在各自方位上……恰在此时，浙江一带发生大洪水。伶人（戏剧演员）们在皇帝面前演滑稽剧，说："今年东南地区发大水，乞求派遣彤鼎前往苏州治理，镇压洪水。"

徽宗皇帝铸造的九个鼎中，放在中央的鼎叫"帝鼐"，置于东南（南）方向的鼎叫"彤鼎"。还说，派遣九鼎中对应其地方的鼎去就可以镇压洪水了，由此可知，当时仍保留着与禹王治水有关的、九鼎与九州的土地联系紧密的古老传说。

北宋末年铸造的九鼎，不久也遗失了。《宋史·钦宗本纪》记载，靖康二年（公元1127），从北方攻进来的金军攻陷宋的东都汴京，俘虏绑架皇帝、大臣等宋朝的重要人物时，九鼎也被运到北方。这套九鼎后来怎样了，则不得而知。

虽然关于禹之九鼎的传承着墨稍多,但这些围绕九鼎展开的各种事件和故事,却可以典型地反映中国古代文化中青铜器特别是青铜礼器所具有的特殊意义。禹之九鼎是象征拥有九州土地之物,会留在顺从天命的有德王者身边。拥有九鼎就意味着拥有了天下的土地,拥有九鼎的人通过拥有土地而成为统治天下的人。从下一章开始,将逐一解开与青铜器有密切关系的土地(疆域)所有、德、天命等观念在当时社会中的意义。

第二章

大地精灵

1　土地所有与祭器制作

上一章谈到，象征王权的传国九鼎，按照《春秋左氏传》宣公三年的说法，是用九个地方长官（九牧）进贡的各自土地所产的铜矿铸造而成。当时，从中国统治所及的全部范围——九州的所有州，通过各地的首领，将铜原料汇集起来，铸成了九鼎。可以看出，九鼎象征的王朝统治权建立在对九个地方的分别统治加以统合的基础上。而且，这些鼎上都描绘着各自土地上的众神和精灵的样子。这个故事反映了重视宗教统治体制的观念，即对各地区的统治，不能仅依靠现实的（军事的）力量来有效支配该地区，掌握属于各自土地的众神和精灵们才是关键。

中国古代的青铜器被认为与各自的土地紧密联系在一起，除了九鼎传说外，还有各种各样的资料可以证实这一点。而且，这种场合的土地并不单纯指大地的广阔。与青铜器相关联的土地，是以一个个"家"为单位分割、领有的土地。例如《礼记·曲礼下》篇中有如下记载：

> 凡家造，祭器为先，牺赋为次，养器为后。无田禄者，不设祭器。有田禄者，先为祭服。君子虽贫，不粥祭器。虽寒，不衣祭服。为宫室，不斩于丘木。

【白话译文】

凡身为大夫者，君主允许他有家后，首先要制作祭祀祖先神用的祭器，其次向他的领民课征饲养祭礼时用作牺牲的动物，最后置备招待人吃饭时用的食器。

君主没有赐给他田禄的人，不设置祭器。有田禄的人，首先要制作祭服。

君子即使贫困，也不卖祭器。即使寒冷，也不穿祭服。建造宫室时，不砍伐墓地的树木作建筑材料。[①]

[①] 关于西周时期与土地有关的宗教观念和仪式，参见贝冢茂树《周代の土地制度——特に新出金文を通じて見た》，《史林》49卷4号，1966年，著作集卷二。

它表明，大夫拥有"家"并不单纯意味着拥有房屋和家庭。《论语·季氏》说"有国有家"，正如孔注所解释的那样："国，诸侯。家，卿大夫。"卿大夫"有家"和国君"有国"一样，只是"家"的范围要小一些，卿大夫拥有领地，并对其进行统治，维持以祖先祭祀为核心的血缘组织，这就是"大夫有家"的具体内容。或者正如《史记》将诸侯国的历史概括为"世家"一样，诸侯的领地广义上也属于世袭的"家"。进而，周的王权也有"王家"的一面。[①]

以家为单位拥有领地后，才允许制作祭祀用的容器（应以青铜祭器为主），反过来，没有受赐田禄的人则不能制作祭器。《孟子·滕文公下》篇谈到礼时也说：

---

① 关于中国古代"家"的观念，还有很多需要讨论的问题。西周后期史料默簋铭文中"我家、朕位、默身"的表达方式特别有意思。这件青铜器的制作者默，被认为是周厉王。"我""朕""默"都是周王自称，"默身"指周王自己的身体，"朕位"指从先王传承下来的周王王位，"我家"指包括祖先神在内的王家。它们虽然都是表示"自己"的词汇，但范围却有广狭之分，从"我"到"朕"到"个人名"范围越来越狭窄。参见松井嘉德《周代国制の研究》第二部，汲古书院，2002年。

> 礼曰：诸侯耕助，以供粢盛，夫人蚕缫，以为衣服。牺牲不成，粢盛不洁，衣服不备，不敢以祭。惟士无田，则亦不祭。
>
> 【白话译文】
> 诸侯举行模拟性的农耕仪式，准备供奉祭祀祖先的谷物，他的夫人养蚕取丝，制作祭祀用的衣服。牺牲没准备齐、供奉的谷物不洁净、祭服不齐备时，不能举行祖先祭祀。特别是没有"田"的士，不能举行祭祀。

能够举行祖先祭祀的前提条件是拥有土地。拥有土地的首要目的，虽然多少是名义上的，是为了从这片土地上收获用以祖先祭祀时供奉的谷物，在这片土地上养蚕制作祭服，命令其领民饲养祭祀时用作牺牲的动物。

《春秋左氏传》定公十年记载了孔子说的一句话：

> 牺象不出门，嘉乐不野合。
>
> 【白话译文】
> 牺象不出到门外去，正式的乐器不在野外合奏。

此处的"牺象"，杜预注解释说："牺象，酒器。牺尊，象尊也。"这个"牺象"，现代考古学者们称作"牺尊"，对于这个称呼是否适用各种动物形态的青铜制酒器，或许还留有疑问（图8）。但是，称作牺象的礼器是与使用动物牺牲的祭祀相关的酒器，从《左传》把它与正式祭礼用的乐器相提并论来看，它在祭器中应当特别重要。大概"牺象"是取形于牺牲动物的青铜制酒尊（酒壶），放在祭祀场所的中央，用以从中汲酒，举行饮酒礼。

饮酒礼可以采取乡饮酒礼（地域共同体的饮酒礼）那样的形式，作为独立的仪式单独举行，另一方面，也可以像《仪礼》记述的射礼那样以饮酒礼开场，先举行饮酒礼，然后再举行其他仪式。将"牺象"等酒壶摆放在房屋中央的饮酒礼被认为是各种礼仪的基础。饮酒礼是把众神请到仪式现场的基本程序，仰望众神降临之后，其他仪式才能继续进行下去。

孔子说，这种祭祀用的青铜容器不能出门。大概当时存在这样的社会规范，即这样重要的祭器是不能从"家"里拿到外面去的。每个祭器都与各自特定的家紧密地结合在一起。这个"家"，如上所述，是以祖先祭祀为中心结合而成的组织，同时以拥有一定范围的土地为基础，不允许祭器从其领有的土地边界拿到外面去。

象　　　　　　　　　　　　　羊

牛　　　　　　　　　　　　　豚

兔　　　　　　　　　　　　　？

图8：牺尊

第二章 大地精灵

祭器(虽然也有木制的,但正式的祭器仍应以青铜容器为主)被认为和土地有着很强的联系,《礼记·曲礼》篇所载大夫、士离开国时举行的仪式突出地反映了这一点,这段记载紧接在上文所引《曲礼》原文之后:

> 大夫士去国,祭器不逾竟。大夫寓祭器于大夫,士寓祭器于士。大夫士去国,逾竟,为坛位,乡国而哭。素衣素裳,素冠彻缘,鞮屦素簚,乘髦马,不蚤鬋,不祭食,不说人以无罪,妇人不当御。三月而复服。

【白话译文】

大夫、士离开国时,不能把他们迄今为止使用的祭器带出国境。所以,大夫要把他的祭器托付给同样是大夫的人,士则把他的祭器托付给同为士的人。

大夫、士离开故国,跨越国境时,用土筑坛,向着都城的方向行哭礼。要穿不带缘饰的白衣、白裳、白冠,穿没有装饰的鞋,乘坐带白色扶手的马车,要乘没有修剪鬃毛的马拉的车,不能剪指甲,不能梳头,吃饭时不能拿出一部分食物供给神灵,不能对别人说自己无罪,也不能亲近女色。这样做了三个月后,才能穿戴平常的服装。

这段关于"大夫士去国"的记载，根据唐人贾公彦《礼记注疏》的解释，说的是"人臣三谏不从去国之礼"的场合，即臣下对君主的恶行进谏三次，君主仍然不听时，臣下就要离开君主，半永久性地离开故国。不是指单纯作为使者等前往他国，不久就回来的场合。去国时，士或大夫们要穿戴素衣、素裳、素冠等葬礼规格的衣冠，而且，还要向着国都的方向行哭礼。采取这样的礼仪程序，应是表示对士大夫们而言，去国是无比重大的事。因为失去了作为他们社会存在基础和宗教存在基础的领地（家）。顺带提一下，丧失国土时也按葬礼处理，例如，《礼记·檀弓上》篇中关于国失去大县或邑时的规定：

国亡大县邑，公、卿、大夫、士皆厌冠，哭于大庙三日，君不举。或曰：君举而哭于后土。

【白话译文】
国家丧失了大规模的领土县邑时，从公卿到士都戴着丧礼时戴的冠，在太庙举行哭礼三天，主君不奏乐。有的说：主君奏乐，在后土祠举行哭礼。

在大多数青铜器铭文的最后，都写着希望这件青铜器作为宝器子子孙孙传下去等祈愿的话，但士大夫们半永久性去国时，却不能将迄今为止"家"传的祖先祭祀用的祭器带到国外去。这样的祭器，与其说是属于祭主个人或其一族的，还不如说与其拥有的土地的联系更为紧密。因此，把祭器和原来的土地分开，带到国外，是不可能的。

2 作为精灵之"物"

这种土地与青铜器的紧密关系，是以各自土地的精灵和土著众神为中介的。这些精灵和众神，在记载楚王问鼎轻重事件的《左传》宣公五年中被称作"物"。上一章引用的《左传》原文的一部分，如下所示，在叙述九鼎铸造过程的部分，反复使用了"物"字：

> 远方图物，贡金九牧，铸鼎象物，百物而为之备。
> 【白话译文】
> 画出遥远地方的物，命九牧上贡金，铸鼎以模仿物，百物就这样全部都齐备了。

"物"字为牛字旁，原本应是表示特定种类的牛的字。由于在甲骨文卜辞中,"物"字与"白牛"作为一组相对的词使用,因此,有说法认为"物"指杂色牛,也有说法认为甲骨文中的"物"字右半边(上半部分)的"勿"通"黎","物"指黑牛。[①] 推测"物"字本来是表示特定种类的牛,因为用作献给神的牺牲,演变为指用这种牺牲祭祀的众神。

《史记·封禅书》记载,方士通过巫术手段邀请"物"。其中一位方士李少君,曾就获得长生不死之道,对汉武帝说了下面这段话:

> 祠灶则致物,致物而丹沙可化为黄金。黄金成,以为饮食器,则益寿。益寿而海中蓬莱仙者乃可见。见之以封禅,则不死。

【白话译文】

> 如果祭祀灶,就能邀请来"物",物来了后,丹沙就能变成黄金。黄金成了,用它作成饮食器,可以延长寿命。寿命延长了,就能与东海中蓬莱岛的仙人见面了。见到仙人后,若在泰山举行封禅仪式,就可以不死。

他说的是为一国之君求得长生不死的帝王神仙术,其第一

---

① 参见朱芳圃《殷周文字释丛》,中华书局,1962年。

个步骤就是招来"物"。这个"物"指通过祭灶招来的神灵［日语中相当于"モノノケ"（怪物）等词语中的モノ］，这个神灵甚至会炼金术。这里的"物"，相比后文提到的住在东海三神山等的仙人们，级别要低，应当是精灵的一种。推测这种"物"在神仙观念大发展以前就存在了，是中国自古以来就存在的众神成员之一。值得注意的是，灶象征一个家香火的延续，而灶的祭祀对象是"物"。火的延续意味着整个家生命力的延续。帝王神仙术也从自古以来的民俗传说中寻求长生不死的根源，了解到这一点觉得很有意思。

顺带提及，需要注意的是，与炼金术的基础是祭灶的认识有关，在日本民俗传说中，也将灶与黄金联系在一起。烧炭翁故事里的烧炭窑也应属于灶之类。特别是像大岁客（岁末来的客人）等民间故事中所看到的那样，乞丐的尸体等不洁之物变为黄金的情节很有典型性。灶、火、黄金等之间存在紧密联系，在中国的民俗传说中也可以见到，这些东西是怎样结合在一起的，它们与春祭间的关系是怎样的，这些都是值得另行集中讨论的大问题。①

---

① 参见松家裕子《中国の福の神——新年に訪れるもの》，《説話・伝承学》第13集，2005年。

此外,《史记·留侯世家》文末所附"太史公曰"中说:"学者多言无鬼神,然言有物(学者大多说没有鬼神,但说有物)。"将"鬼神"和"物"区别开来。推测"鬼神"具有较强的祖先神性质,对比之下,"物"则不限于祖先神,是更具普遍性质的神。那些不相信存在有个性的鬼神的人,却相信存在普通的精灵。另外当时人认为龙也属于物的范畴,这可以从《史记·封禅书》的下列记载得知:汉文帝得知黄龙出现在成纪之地后,下诏说:"异物"之神出现在成纪,没有给民众带来灾害,却带来了丰稔之年。上一章说到,汉代的升鼎图上,从鼎中探出头的龙也属于物的一种。

再来看看《春秋左氏传》关于性质稍微不同的"物"的记载吧。《左传》庄公三十二年(公元前662)条有下列记载:

> 秋七月,有神降于莘。惠王问诸内史过,曰:"是何故也?"对曰:"国之将兴,明神降之,监其德也。将亡,神又降之,观其恶也。故有得神以兴,亦有以亡。虞夏商周皆有之。"王曰:"若之何?"对曰:"以其物享焉。其至之日,亦其物也。"王从之。内史过往,闻虢请命。

反曰:"虢必亡矣,虐而听于神。"神居莘六月,虢公使祝应、宗区、史嚚享焉,神赐之土田。史嚚曰:"虢其亡乎?吾闻之:国将兴,听于民;将亡,听于神。神聪明正直而壹者也,依人而行。虢多凉德,其何土之能得?"

【白话译文】

这年秋天七月,神降临到莘地。周惠王就此事询问周大夫内史过,说:"发生这样的事,是什么原因呢?"内史过回答说:"国家将要兴盛的时候,灵验的神就会降临那里,是为了监察其国的德才降临的。此外,国家将要覆亡的时候,神也会降临那里,是为了观察其国的恶才降临的。所以,有因神降临而兴盛的国家,也有因此而灭亡的国家。虞(舜)、夏、商(殷)、周各王朝兴亡之际,都发生过这样的事。"

惠王说:"若是这样,怎样回应这次降临的神才好呢?"回答说:"用它的'物'去祭神就可以吧。神降临的日子,也显示了它的'物'。"

惠王按他的意见回应了神。

内史过前往神降临的现场视察,得到虢国(莘地属虢国)请求神赐"命"的消息。内史过回到周后,说:"虢国一定是要灭亡了。因为他们不仅实行暴政,还只听信神的话。"

神在莘地停留了六个月。虢公派太祝应、宗人区、太史嚚去祭祀这个神。神下达了赐给虢国土田（领土）的命。

太史嚚说："虢国要灭亡了吧？我听说国家将要兴盛的时候，会倾听民众的声音；将要灭亡的时候，会听信神的话。神耳聪目明［能见闻所有的事］，贯彻正确的路线从不改变，会在看清人的本质后，依照他自己的意志行事。虢国做了很多背德的事，神怎么会授予它土地呢？"

这里的"物"指祭神用的供品。正如之前推测的那样，"物"字可能保留了物指祭祀用的牺牲牛时期的古老观念。众神分别有与之对应的牺牲动物。内史过解释说，要选择合适的供品，只能根据神降临的日期来确定。

顺带提及，中国古代使用牺牲动物的祭祀，其最基本的功能是以该动物为媒介，将地上与天上（众神的世界）连接起来。例如，春秋战国时期举行当时盛行的会盟仪式时，将盟约文书（载书）放在牺牲动物的背上，一起埋进土里，就是期望这个动物背着盟约文书，运送到天上。

根据神降临的日期来确定供品，这个日期应当就是甲、乙、丙、丁等十干表示的日期。就像殷墟卜辞中也能见到的那样，降临到祭祀场所的祖先神，按祖甲、父乙、兄丙等十干来区分，并在各自名字表示的十干日接受祭祀。祖甲、父甲是在甲日，祖丙、兄丙是在丙日享受祭祀，这是当时祖先祭祀的基本原则。西周早期金文中，对死去的父祖有时也用"日乙""日癸"等"日"和十干组合的方式来称呼。每个祖先神先用十干进行大的区分，根据这一区分来进行祭祀。

以十干命名，是根据这些祖先的生日来命名，还是根据死日来命名，又或者是根据其他完全不同的原理来命名，关于这个问题很早就有争论。哈佛大学的张光直教授推测，这种十干组织背后存在着由各个十干祖先统一起来的人类集团，这些集团与王位继承的顺序密切相关。[①]

十干本来是对应天上运行的十个太阳的观念。据说，甲日天上升起甲太阳，乙日乙太阳，十天中十个太阳轮番出场。由此我推测，之所以用十干称呼祖先神们，是因为当时人认为祖先死后的灵魂是进入到各自太阳所在的太阳宫里去了。进入到甲太阳宫的祖先之灵称作父甲、祖甲

---

① 张光直：《中国青铜时代》，三联书店，1983年。日译本，平凡社，1989年。

（日甲），进入到乙太阳宫的祖灵称为父乙、祖乙（日乙）等等。地上以十干区分的集团组织，原理上模仿了天上的太阳宫组织，是其地上的对应组织。这个推测是否正确，是今后的研究课题。无论如何，从殷代到西周初期这一时期，祖先神们是由以太阳运行为基础的十干观念来整合并加以区分的。

从这一点来看，上引《左传》的记载说根据神降临的日期来选择供奉的物品，或许意味着降临莘地的神是祖先神。供品有十干之分，是因为人们认为享用供品的神本身是与十干相对应的。降临到莘地的神是来自天上的神，但其背后也带有祖先神的性质。《左传》记载说，这个神对虢国下达了赐以土田的"命"。这个神既是天神，也是祖先神，可以下赐领地。为了梳理与这个神相关的各种要素，我想对古老时代使用的"物"这个词做更为详细的讨论。①

---

① 下文关于"物"的分析，大部分依据林巳奈夫《中国先秦时代の旗》（《史林》49卷2号，1966年）和《殷周时代の图像记号》（《東方学報》京都第39册，1968年）。

3　图像表现的"物"

"物"字有时也在符号或记号意义上使用。例如,射箭仪式上,要在射手站立的位置上画上"物"。《仪礼·乡射礼》"记"(正文的解释)的部分是这样说明的:

> 射自楹间,物长如笴,其间容弓,距随长武。序则物当栋,堂则物当楣。

【白话译文】

> 射,在房前两根柱子中间进行。那里画的"物"的长度相当箭矢的长度(三尺),两个"物"之间的距离可以容纳一支弓(六尺),"物"的宽度是脚的大小(一尺二寸)。在学校举行射时,在房梁的正下方画物;在堂举行射时,在楣(栋梁前面一根横木)的正下方画物。

中国古代的射礼(射箭仪式),左右两人为一对,一共三对六人,比赛射箭技术的优劣(图9)。在射礼会场,为了射中庭中张挂的侯(靶子),两个射手站在堂上画"物"的位置上。注释说,"物"是长三尺、宽一尺二寸的长方形,是没有含义的记号,但至于为什么管它叫"物",却没有

图9：射礼、饮酒礼图（战国画像纹壶，插页图四的上部）

上部画的是从堂上射侯的射礼场景，下部画的是饮酒礼场景。侯的前面画着一个挥舞旗帜、通知是否射中的人，饶有趣味。

说明。不过，从中国古代的射礼原本是为了咨询神的旨意而举行的，并且还与祭祀时牺牲的处理有关[①]来推测，"物"也许不仅仅是单纯表示射手站立的位置，而是表示它就是神圣位置的记号。

有时也把旗帜称作"物"。《周礼·春官》说明司常的职责时说：

> 司常掌九旗之物名，各有所属……杂帛为物……王建大常……大夫士建物。

【白话译文】

> 司常官管理九种旗的物名（旗的形状及其名称）。九种旗各有附属物……用杂帛做的旗称作"物"……王建大常旗……大夫、士建"物"当作旗。

杂帛是各种颜色的绢，把它们拼合在一起做成的旗叫"物"。九种旗中，物不是最高级的旗，简单的旗帜才叫"物"。"物"不是当时代表性的旗帜，而是简单的旗子这件事，或者"物"的地位被新样式的旗帜所取代的结局，恰

---

① 小南一郎：《射の儀礼化をめぐって——その二つの段階》，京都大学人文科学研究所研究报告《中国古代礼制研究》，1995年。

恰反映了其由来已久吧?

这种作为旗帜的"物",应与《仪礼·士丧礼》中各家所持的"物"性质相同。《士丧礼》中,关于死者棺前放的、写有死者名字的旗——"铭",是这样写的:"为铭各以其物(为了对应铭,各家要用自己的"物")"。也就是说,士丧礼上,要把死者所属家持有的"物"放在棺前,作为象征死者的标志。这个"物"就是象征死者的旗帜,这一象征功能,应是在把死者的牌位摆放到庙里、成为正式附身对象之前这个期间,"物"发挥了作为死者灵魂附身对象的功能。

《周礼·夏官》记述大司马的职责时,详细记述了仲冬(十一月)举办的征发民众进行的兼具军事训练的狩猎活动。它这样记述训练当天大家集合时的场景:

> 田之日,司马建旗于后表之中。群吏以旗物鼓铎镯铙,各帅其民而致。质明弊旗,诛后至者。

【白话译文】

> 举行田猎那天,司马在集合地点后方标记的中央竖起旗帜。群吏拿着旗、物、鼓、铎、镯、铙,分别指挥引导民众来到那里。天亮后,放倒后方的旗,对之后迟到的人予以惩罚。

田猎当天，民众在各自集团下级官吏的带领下，来到仪式现场。官吏拿着打击乐器（狩猎时用来发信号）和旗、物。这个场合的"物"是象征各个民众集团的东西，民众要在"物"下集合。这些"物"也许是以不同颜色的杂帛组合来区分，但也不能否认存在这样的可能性，即当地民众集团都有代表其集团的独有标志（下文所说的祖徽），这些标志代表的是集团所属土地的精灵。

此外，《春秋左氏传》定公十年记载了叔孙氏的封邑——郈想从鲁国叛离时的事件，其中，郈一位名叫驷赤的工师出城门时，守卫城门的人怀疑他穿的皮甲是叔孙氏的，他回答说："叔孙氏之甲有物，吾未敢以出（叔孙氏的甲上有"物"，我不敢穿他的甲出城）。"

这个场合的"物"是表示属于叔孙氏的标识，这个"物"，不仅在铠甲上使用，大概也作为表示叔孙氏一族家徽的一种，是广泛用在各种物品上的符号吧。叔孙氏的军队就使用带有相同标识的武器进行战斗。现在的中国好像没有像日本的家徽（例如笔者的家徽是桐花图案，刻在墓碑上）那样象征家族的符号了，但在古代，每个家都有代表其家的符号，将这些符号标在旗帜、盔甲等上面。

知道这种"物"是与特定家族或其领地相结合的符号后，就会由此推测这个"物"与铸在青铜器上的、一般称作图像记号的特殊记号群之间可能存在密切关系。从叔孙氏的甲胄上都带"物"也可以推测，它应当是前文见到的与青铜器上的图像记号的形态和性质都相近的东西。这种图像符号一般叫族徽。

在青铜器上铸上成篇的铭文，是殷代末年的事，这一时期开始突然出现铸有长篇铭文的青铜器。此前的青铜器虽然也有铭，但多数只是单一的符号，虽然也有将数个符号组合成记号的情况，但还没有出现文章。这些记号，如▨祖甲、▨父乙等这样，很多都冠在祖先名字的前面，到了西周前半期，还可以见到在成篇文章的金文铭文最后，附有类似署名的图像记号（图10）。

从图像记号多冠在每个祖先十干名字的前面可推测，这些记号应当是超越单个祖先、象征一个氏族全体祖先神的符号。表示祖先神全体的符号，也被用作代表其家和氏族的符号，在祖先神群体中，为了区别单个的祖灵，就在这类符号后面加上十干名。如果是以祖先祭祀为核心组成的氏族集团，那么，将祖先集团的名字照搬过来，作为部

第二章 大地精灵

二里岗(郑州)期

安阳(殷墟)期

西周时代(箭头所指的位置)

图 10：图像记号(族徽)

族的名字来使用，也就没有什么可奇怪的了。

由于这些符号可能与氏族、部族等单位集团密切相关，因此图像符号有时也被称为部族标志（在中国称为族徽）。不过，虽然简单地称之为"部族"，但实际上关于当时部族的实际情况到底如何，还没有进行充分研究。包含被概念化为血族集团、氏族集团等的单位和当地民众的部落集团与图像符号，一定是以某种形式结合在一起的，但关于这种场合下的集团性质及其成员范围的研究，却是留待今后的课题。

不过也有特例。陕西省庄白出土的一批窖藏青铜器，为西周时期微氏家族所造，学者通过对其铭文进行分析，指出微氏家族接受周王朝授予的"作册"的史官职务后，就放弃了自殷代以来一直使用的部族标识，开始使用新的与"册"有关的符号了。[①] 由此可以看出，这种符号不仅象征着血缘集团，也与其家族担任的公职密切相关。图像符号具有如此复杂的特性，要搞清楚它的内容和功能并不容易，但它与此处讨论的"物"之间的密切关系，无疑是探讨当时社会基本结构的重要线索。

---

① 陕西周原考古队、尹盛平主编：《西周微氏家族青铜器群研究》，文物出版社，1992年。

第二章 大地精灵

另外，这种图像符号，在郑州二里岗期的铜器上可以看到萌芽，在经历了安阳殷墟期的广泛使用后，到西周中期左右宣告结束。当然，这里说的只是青铜器铭文中使用图像记号的盛衰过程，这种符号采用旗帜等形式一直流传到后世则无疑义。但是另一方面，西周中期前后几乎看不到带有图像记号的青铜器了，这一现象应当与后文详述的西周中期的礼仪制度变革及其背后社会结构的巨大变化密切相关。

这样，"物"一方面指各自土地上的精灵，另一方面是表示氏部族祖先神的符号，也是代表被统一在其祖先神下的部族的标识。与土地神有关的东西和与祖先神有关的东西，这两个方向稍有差异的要素，是否可以统合在一起理解呢？如果可以像下面这样来考虑的话，这两个要素绝对不会相互矛盾。

前引《史记·封禅书》中，将"鬼神"与"物"对举。所谓"鬼神"，是指死亡时间不长、还保留其生前个性的死者灵魂。与之相对的"物"，看起来更像自然神，但其中或许也包含原本是死者灵魂，但随着时间流逝，同化为失去个性的普通祖灵。就如殷代卜辞所示，刚刚死去的殷王及其近亲们的魂，被认为会给活着的人带来各种各样的灾祸。所以有必要定期举行祭祀，不断抚慰这些死灵。这是鬼神。但是，死后经过一段时间的祖灵，危险性就降低了，而且在卜辞中可以看到被称作"高祖岳""高祖河"等的神，明显带有祖灵和自然神相融合的倾向。[①] 这种失去个性的祖灵，也被认为属于"物"的范畴。也就是说，当地的自然神要素和非个性化的祖先神要素，已经浑然一体地包含在"物"的观念之中了。特别是，土地神和祖灵的关系密切这一点也为后世所继承，虽然是后世的俗信，它认为人死后，首先会由土地神将此事报告给众神，并将其灵魂交给"社"神等。

如果可以作上述理解的话，青铜制的祭器就是以与自然神相融合的遥远的祖先神为媒介，与各自家的领地结合在一起的。从"家"和"物"的关系角度来说，以家为核心的血缘集团祭祀的是青铜祭器背后的"物"的祖先神一面，家统治下的领民们供奉的则是同一"物"的自然神一

---

① 参见伊藤道治《卜辞に見える祖霊観念について》，《東方学報》（京都）26册，收入其著《中国古代王朝の形成》，创文社，1975年。

面。可以认为西周统治体制中领土统治的基础单位，是由领主和领民供奉同一"物"的祭祀共同体构成的，虽然这是极为简单化的说法。

4 埋藏在地下的青铜器

青铜祭器与土地紧密结合在一起，也能从存在"旅彝""行器"等青铜器得到证实。西周时期有一组自名"旅彝"（铭文中写着某人制作"旅彝"）的青铜器，时代稍晚又出现了自名"行器"的青铜礼器。这些青铜容器被认为是为了在旅行途中使用而制作的特殊祭器。

在一国君主或士大夫阶层的生活中，祭祀活动尤其是祖先祭祀是极其重要的事。即便是去其他国家旅行，也绝对不能欠缺祭祀。但另一方面，祭祀时必不可少的青铜祭器却不能离开自己的领土，带到其他国家去。所以就制作了可以离开故乡、带到其他国家去的祭器。这种祭器被认为就是旅彝和行器。[①]与之相对，安放在宗庙、不能从那儿移走的祭器应当就是"障彝"。关于旅彝和行器采用了什么样的制作方

---

① 黄盛璋：《释旅彝——铜器中"旅彝"问题的一个全面考察》，《中华文史论丛》1979 年第 2 期。

法，要举行什么仪式，怎样才能将这些祭器带离领地，详细情况已不得而知。不过，这种特殊青铜器的存在本身，就反证普通的青铜祭器是不能运出领地之外的（图11）。

甫人盨　　　　　　　　史免簠

图11：旅彝、行彝

史免簠铭文译文："史免制作旅簠，跟随王征、行，用此器盛稻粱"。

甫人盨铭文译文："制作了甫人的行盨，用此器征、行"。

此外，青铜器与土地的密切关系，还可以从窖藏青铜器的存在得到反映。西周时期的青铜器很多是从当时的墓葬中作为随葬品发现的，青铜器的另一个重要出土场所是窖藏。所谓窖藏，就是在地下挖窖穴，将各种物品存入其中的储存仓库。在地下水位低的黄土地带，作为简便的仓库，新石器时代以来一直很流行使用这种地下窖藏。在隋唐时期东都洛阳城附近发现了以含嘉仓等为代表的地下仓库遗址，巨大的窖穴贮存了大量谷物，是大型窖藏的例子。作为窖藏的一种，陕西盆地发现了相当数量的专门存放青铜器的遗物坑。众所周知，出土情况比较清楚的有长安县张家坡的窖藏，近年发现的青铜器窖藏中，扶风县庄白一号窖藏和眉县杨家村窖藏分别出土了带珍贵铭文的微氏和单公族的成套青铜器。[①]

正如庄白一号窖藏以典型形式所反映的那样，推测这些窖藏青铜器很多情况下都是某个家族将殷代末年至西周后半期制作的大部分青铜器，有序地埋藏在那里。通过对成套发现的窖藏青铜器群的铭文进行比较研究，我们可以

[①] 陕西周原考古队、尹盛平主编：《西周微氏家族青铜器群研究》，文物出版社，1992年。

得到比墓葬出土的青铜器更有趣的资料。亦即，通过对这些青铜器的若干铭文进行组合研究，可以具体地观察到某个家族在西周王权之下，在应对时代的同时，都进行过哪些活动（图12）。

关于为什么会留下来这么多成套的青铜器遗物，通行的解释是：西周末年，由于政权混乱，发生了周王出逃等事件，加上受到犬戎等民族的侵略，周王朝被迫放弃陕西故地东迁。周王朝的贵族们在这样混乱的局面下也舍弃故乡，当时，他们把不便运输的青铜器埋在故乡的土地后，便离开了。贵族们原打算将来夺回故土时，再将这些青铜器挖出来，重新在宗庙中使用，但他们再也未能回到陕西故地，埋在地下的青铜器就这样被遗忘在了那里。结果到后世，一下子从窖藏中出土了数十、上百件的青铜器，震惊了世人。

这一解释中的部分说法（即认为窖藏青铜器是在西周后半期的社会混乱中，被迫离开故乡的贵族们遗留在故乡的传家青铜祭器），从整个遗物蕴含的青铜器年代构成及其铭文来看，应当是正确的。不过，对于贵族们因受到其他民族的侵略，仓皇逃离故乡时，将不便携带的青铜器埋在

第二章 大地精灵

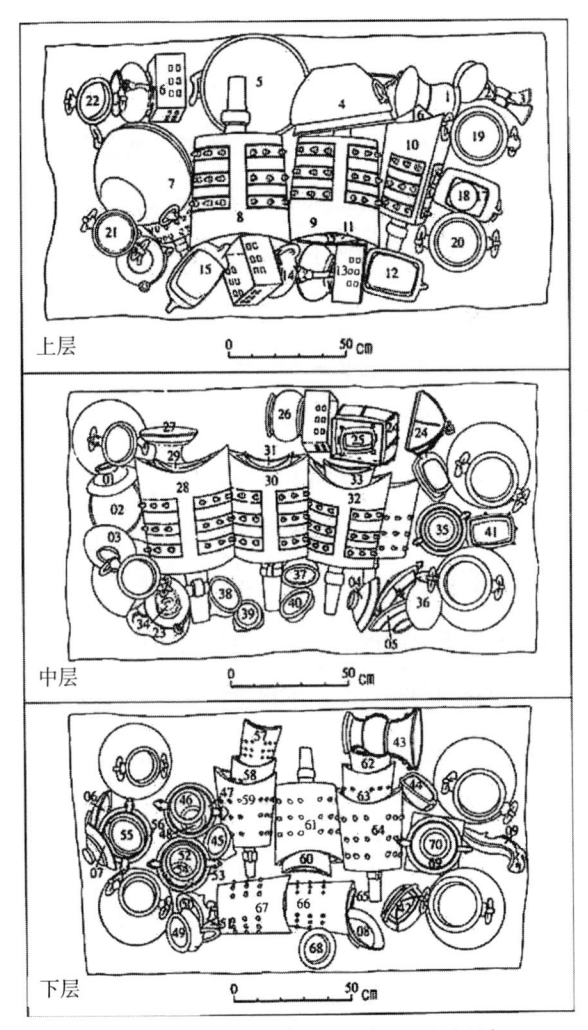

上层

中层

下层

图12：青铜器窖藏（陕西省扶风县庄白村）

085

地下的说法，却多少有些疑问。如果用马车来拉，运送青铜器也并不是多么困难的事，从祖先祭祀对当时人的重要性来看，这些祭祀用的祭器无疑是排除万难也必须要运走的。此外，目前发掘的窖藏中发现了好几个青铜器是精心制作、郑重安放埋藏的例子，为了防锈还在青铜器之间塞上了灰，看不出来是战乱等情况下仓促埋藏的迹象。

关于西周青铜器遗物成套埋藏的原因，是否也应该从上文所述青铜祭器与某块土地有着强烈联系，不允许从其土地上离开的观念角度来解释呢？它与西周贵族们离开故乡时事态是否紧急无关，由于青铜祭器与特定的土地之间存在着不可分离的关系，所以当他们离开自祖先以来就居住的故地时，不允许他们把青铜器带出这片土地。这样也就可以理解他们为什么会迫不得已把家族自古以来传承下来的祭器，埋藏在故乡的土地之后才离开的。把与土地紧密结合的青铜祭器埋在土中，也许是最恰当的处理方式了。

如果允许进一步推测的话，青铜祭器除了宗庙陈列的特殊器物外，可能大部分平时就埋在宗庙附近的地下保存。有祭祀的时候，再把需要的青铜器从土中挖出来使用。礼仪规定中有一个祭祀前清洗祭器的环节，可能这项工作并不只是单纯擦拭灰尘，应当还包括去除埋在地下期间粘上的泥土等。有不少发掘报告说储存青铜器的窖藏附近有建筑物，若从这点来看，认为这些建筑物的使用者们平时就在其周围埋藏青铜器，也是可能的。

青铜礼器以土地精灵为媒介，与特定的土地紧密结合在一起。这种精灵，一方面是这片土地的自然神，另一方面也是居住在这片土地上的人们遥远的祖先神。死者的灵魂在其死后不久的时期内，会保留其生前的个性，但随着时间的推移，这种个性就会消失，和自然神相融合。这样的祖灵们在祖先祭祀时是如何登场的，且看下章分解。

第三章

祖灵与青铜器

1　祖先祭祀的日期

《仪礼》《周礼》《礼记》是中国古代代表性的礼仪经典文献，三个文本的内容性质迥异，反映出先秦秦汉时期礼的概念极为宽泛。其中，《周礼》和《仪礼》两书的内容可以对照参看，《周礼》系统地阐述了一个假想的国家制度，与之相对，《仪礼》则按时间顺序，详细记述了下级官僚阶层一生要经历的礼仪和共同体祭祀礼仪的细节。《仪礼》记录的礼仪脚本，即使是现在也可以原封不动地付诸实施。

值得注意的是，在《仪礼》记录的人生必经礼仪和祭祀活动中，鼎都发挥着重要作用。举一个例子，首先来看一下《少牢馈食礼》篇记载的祭祀活动的细节。少牢馈食礼是诸侯之下的卿、大夫在家庙举行的祭祀祖先神的礼仪。所谓馈食,是指招待祖先神们,供奉饮食,供奉的食物主要是少牢(羊肉和猪肉)。

《少牢馈食礼》篇记述,仪式首先从占日开始,用筮竹占卜预定的祭礼日期是否适合招待祖先神(图13):

> 少牢馈食之礼。日用丁己。筮旬有一日,筮于庙门之外。主人朝服,西面于门东。史朝服,左执筮,右抽上韇,兼与筮执之,东面受命于主人。主人曰:"孝孙某,来日丁亥,用荐岁事于皇祖伯某,以某妃配某氏。尚飨。"

【白话译文】

少牢馈食之礼。祭礼用丁或己日。在预定祭礼日的前十一天,用筮竹占卜这天是否适合举行祭礼,占卜其吉凶。

卜筮在宗庙门外进行。[这个场合]主人身穿朝服(上朝时穿的衣冠),站在庙门东侧,西向而立。史(主人家的书记官,也负责占卜)身穿朝服,左手握着装有筮竹的韇,右手打开韇的盖子,将取出的筮竹握在一起,面向东,接受主人[命其进行占卜]的命令。

主人说:"孝孙某(主人名),想在下一个丁亥日,把岁时祭礼献给皇祖伯某(祖先名),某之妃(配偶)也和某氏家族一同祭祀。恭请您能享受。"

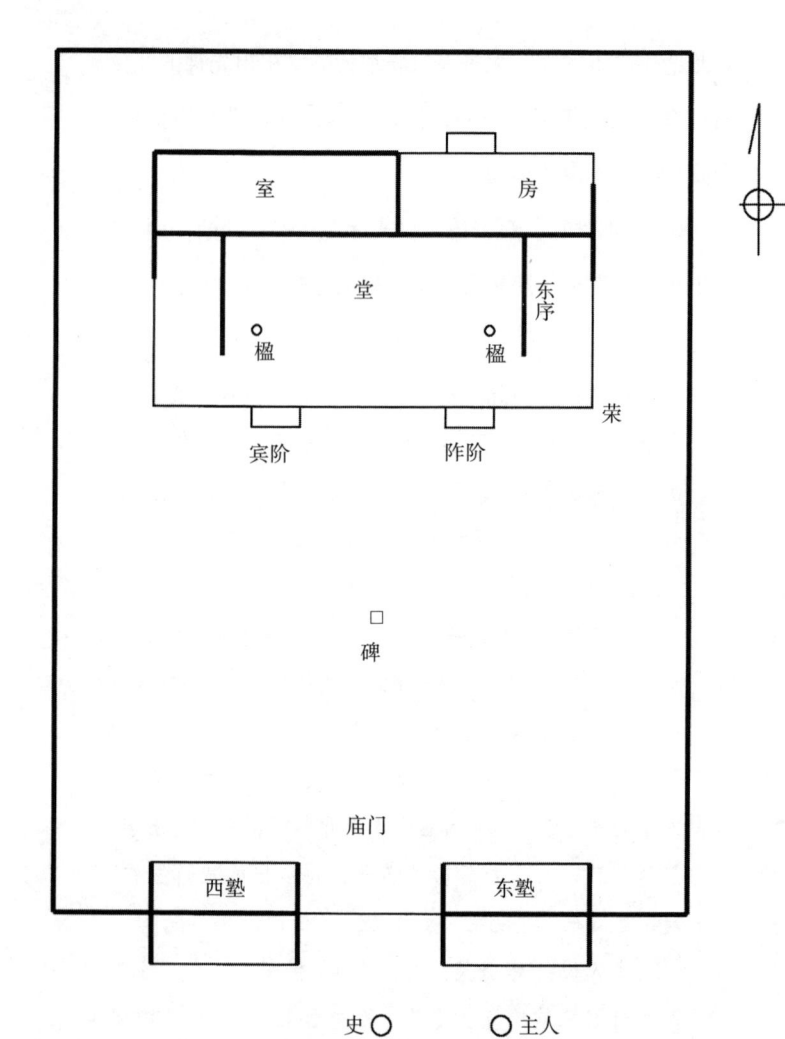

图 13：少牢馈食礼图（筮日）

第三章 祖灵与青铜器

《仪礼》记录的礼仪，很多场合都要首先用筮竹占卜预定的祭祀日期是否适合举行仪式。之所以要在预定日期的十一天前进行占卜，是为了能在与祭礼日相同的十干（甲、乙、丙、丁、戊、己、庚、辛、壬、癸）日举行筮占。它和甲骨文中所见卜旬仪式（在癸日占卜接下来十天的吉凶）一样，都是与宗教观念有关的筮占。

《少牢馈食礼》篇这段记载开头说，祖先祭祀要在丁日或己日举行，但在紧接着的主人给史下达占卜的命令时，却说祭祀在丁亥日举行，限定了特定的日期。丁日和己日虽然是适合招待祖先、供奉食物的日子，但其中似乎又以丁亥日最为理想。

当时存在着丁亥日特别适合举行祭祀仪式的观念，这可以通过各种资料得到证实。例如《大戴礼记·夏小正》二月条："丁亥万用入学（丁亥日举行万舞，用以入学）。"入学式便在丁亥日举行。《礼记·月令》也说，在仲春月"上丁，命乐正习舞，释菜。天子乃帅三公、九卿、诸侯、大夫，亲往视之。仲丁，又命乐正入学习舞（上旬的丁日，命令宫廷的乐长乐正召开舞蹈练习会，举行释菜仪式。天子率领三公、九卿、诸侯、大夫前往，出席仪式。中旬的丁日，再次命令乐正招收学生，学习音乐）"。学校祭祀先师的释菜、释奠仪式要在丁日举行，这一传统一直延续到后世。丁日或许与当时人认为祖先神会出席开学仪式有关。中国古代的学校既是地域共同体的集会场所，也是举行整个共同体相关仪式的场所。

和开学典礼并列，直到后世都重视丁亥这个日子的是藉田礼。藉田，是在春耕开始时，天子首先在都城附近的农场进行模拟性的耕田活动，是启动全天下农耕的仪式。

《汉书·文帝纪》在文帝二年（公元前178）条记载，春正月丁亥日，文帝下诏说："夫农，天下之本也，其开藉田（农事是天下的根本，所以开设藉田礼）。"时代往下，《南齐书·礼志上》记录了围绕藉田是否应该在丁亥日举行的讨论。事情是这样的，永明三年（公元485），有关官员上奏，提议说："来年正月二十五日丁亥，可祀先农，即日舆驾亲耕（来年正月二十五日是丁亥日，可以祭祀农耕神先农，那天皇帝也要到郊外举行耕翻新农田的藉田礼活动）。"刘宋元嘉、大明年间以来都是在立春后的丁亥日举行藉田礼，但由于权威经典和文献记录中看不到这样的规定，以此奏书为契机，朝廷中围绕是否应该采用这个日子展开了讨论。《南齐书》记述说，由于认为应该遵守亥日的意见占了上风，最终按照上奏的建议在丁亥日举行了藉田礼。关于藉田礼日期讨论的详细情况，在唐代的《通典·吉礼六》中也能看到。像这样丁亥日既是适合祖先祭祀的日子，也是举办农耕仪式的日子，这也关系到后文将要谈到的祖灵和谷灵的融合问题。

东汉时代崔寔编纂的古代岁时记《四民月令》正月条中可以看到下列记载，也很有意思：

> 百卉萌动，蛰虫启户。乃以上丁祀祖于门，及祖祢，道阳出滞，祈福祥焉。又以上亥，祠先穑，以祈丰年。

【白话译文】

这个月，各种植物的芽开始萌动，潜伏在地里的虫子们也都打开门爬出来。于是在上旬的丁日，在门举行祭祖（道路神），还祭祀祖先神，引导阳气，排出淤滞的阴气，祈求好运。然后在第一个亥日，祭祀先穑（农耕的创始人），祈祷今年丰收。[①]

这部东汉岁时记也选择上丁、上亥日作为适合祭祀的日子，

---

① 缪启愉：《四民月令辑释》，农业出版社，1981 年。

而且祭祀的对象是祖先神和农耕神。重视丁亥日的背后如果存在融合祖先神和农耕神的宗教观念的话，那么，这样的祭祀对象与上一章谈到祖灵的土地神化就有共通之处了。由此可知，非个性化的祖先神（祖灵）、农耕神、土地神等融合而成的神，似乎与丁亥这个日子有很大关系。

《仪礼》规定祖先神的馈食礼应当在丁亥日举行，若溯其根源，这个日子在西周青铜器铭文中就可以看到。金文中经常能看到在丁亥日举行仪式的记载，岑仲勉的论文《周金文所见之吉凶宜忌日》收集了很多例子，并探讨了它的意义。[①]时代较早的例子有近年在北方辽宁省出土的、属于殷末到周初时期的㠱方鼎铭文，它记载在丁亥举行了赏赐活动。周代前半期具有代表性的青铜器之一令方彝，也是在丁亥日举行的仪式。我们来看一下令方彝铭文，它记述了西周初年营建洛邑都城的一系列仪式，铭文中是这样写的（图14）：

> 佳八月辰才甲申，王令周公子明保，尹三事四方，受卿事寮。丁亥，令矢告于周公宫。

---

① 收入岑仲勉《两周文史论丛》，商务印书馆，1958年。

第三章　祖灵与青铜器

【白话译文】

八月甲申日，周王命令周公子明保总揽三事（中央）与四方（地方）事务。丁亥日，王命令矢在周公之宫（祭祀周公的祀庙）举行向祖先神报告的仪式。①

在令方彝记录的一系列仪式中，甲申日，名叫明保的周公子接受了周王的任命，三天后的丁亥日，他在家庙举行了向祖先神报告的仪式。这一时期的金文中这类例子很少，所以很难下确切的结论，但是假如这个日子不是偶然定下来的——也就是说这个日子是特意挑选的话——就可以认为，早在西周前半期，人们就认为丁亥日是适宜接触祖先神的日子。

不过，丁亥日变得特别常见是在年代稍晚的西周后半期到春秋时期制作的青铜器上。特别是不少青铜器铭文中都出现了"初吉丁亥"这样将表示月相（月的盈缺）的"初吉"（指从新月到上弦月之间的月相）与"丁亥"日组

---

① 白川静：《金文通释》25，白鹤美术馆志，收入《白川静著作集（别卷）》，平凡社，2004年；马承源：《商周青铜器铭文选》95，文物出版社，1986年。下文引用金文资料时，将《金文通释》省称为《通释》，马承源《商周青铜器铭文选》省称为《铭文选》。

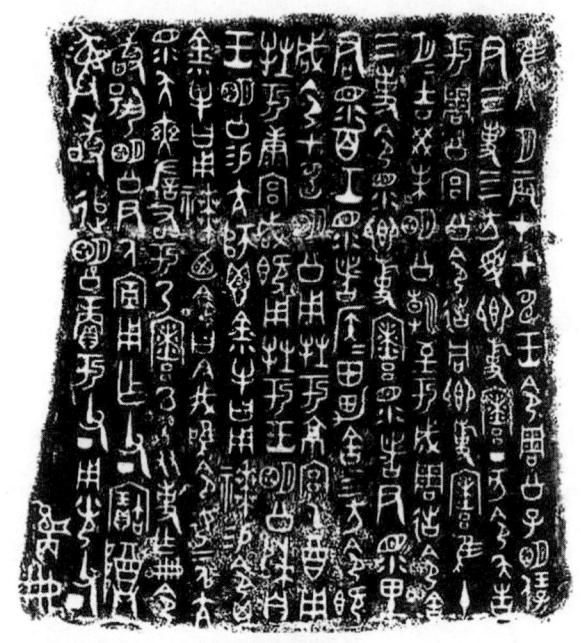

图14：令方彝（令彝）

彝（方彝）是盛放供奉给神的郁鬯、秬鬯等圣酒的容器。

合而成的句子。可能到了这个时期,人们认为"初吉丁亥"只是一种吉祥语,与实际中月的初吉期间是否有丁亥日无关,所以在铭文的开头都写上了"初吉丁亥"的日期。这与汉至三国时期青铜镜上常能见到"五月丙午"的铭文情况相同。[1] 用有纪年铭文的青铜镜去确认的话,就会发现不少明明作镜之年的五月没有丙午日,镜铭上却写着"五月丙午"的例子。这是因为人们认为"丙""午"的干支都属阳,与镜子的铸造和镜子本身的功能相符合,所以才使用了这个虚构的干支日。[2] 金文中出现的"丁亥"或"初吉丁亥"日期,青铜器的年代越晚,这个日期是虚构的可能性就越大。目前学界正在尝试进行收集青铜器铭文中的干支来复原当时历法,再根据这个历法确定青铜器制作绝对年代的工作,但这项工作必须考虑到铭文里的干支存在虚构的可能性。

关于为何会特别重视丁亥这个日子,目前还没有特别有说服力的解释。不过,丁日是从甲日开始的第三天的解

---

[1] 庞朴:《"五月丙午"与"正月丁亥"》,《文物》1979年第6期。
[2] 小南一郎:《鏡をめぐる伝承——中国の場合》,森浩一编《鏡》,社会思想社,1978年。

释或许触及了关键。在中国古代，祭礼之前的七天内要实行简单的斋戒，三天内则要实行严格的斋戒。从十干的第一天甲日开始进行三天斋戒的话，斋戒结束、参加祭礼的那天恰好是丁日，选择丁日或许与此有关。

亥作为十二支（子、丑、寅、卯、辰、巳、午、未、申、酉、戌、亥）之一受到特别重视的原因，更不好解释。不过，殷王朝的先王大都以十干命名，只有遥远的祖先神王亥是唯一一个以十二支称名的，祭祀选择亥日或许与此有关。如果任由想象驰骋的话，或许可以推测，较近的祖先神以十干称名，遥远的祖先神以十二支称名，这一极其古老的文化传统在殷代先王的称呼中仅有部分保留下来，王亥就是典型例证。如果真是这样的话，那么，丁日、亥日就都是与祖先祭祀结合的产物了。

无论如何，只要没有充分搞清楚十干与十二支体系各自形成的历史背景和两者组合使用的过程，这个问题就无法下结论。遗憾的是，要将十干与十二支的起源追溯到殷墟卜辞以前，探求其形成过程和背后的观念，目前仍极度缺乏线索。

2 以天禄为媒介的祖先神

《仪礼·少牢馈食礼》篇在前文所引那段文字的后面,紧接着记述了史官接到主人的命令后,用筮竹占卜预定的祭礼日期是否有妨碍的仪式细节,然后又记述了占卜尸(祖先神附身的人)的人选是否合适的仪式,以及在祭祀的前一天举办宣告"旦明行事(明天早上举行仪式)"的仪式等,此处从略。《仪礼》接着记述了祭祀当天的仪式,其文如下(图15):

> 明日,主人朝服,即位于庙门之外,东方,南面。宰、宗人西面,北上。牲北首,东上。司马刲羊,司士击豕。宗人告备,乃退。雍人概鼎、匕、俎于雍爨。雍爨在门东南,北上。廪人概甑、甗、匕与敦于廪爨,廪爨在雍爨之北。司宫概豆、笾、勺、爵、觚、觯、几、洗、篚于东堂下,勺、爵、觚、觯实于篚。卒概,馔豆、笾与篚于房中,放于西方。设洗于阼阶东南,当东荣。羹定,雍人陈鼎五。三鼎在羊镬之西,二鼎在豕镬之西。司马升羊右胖,髀不升。肩、臂、臑、肫、骼、正脊一、脡脊一、横一、短胁一、正胁一、代胁一,皆

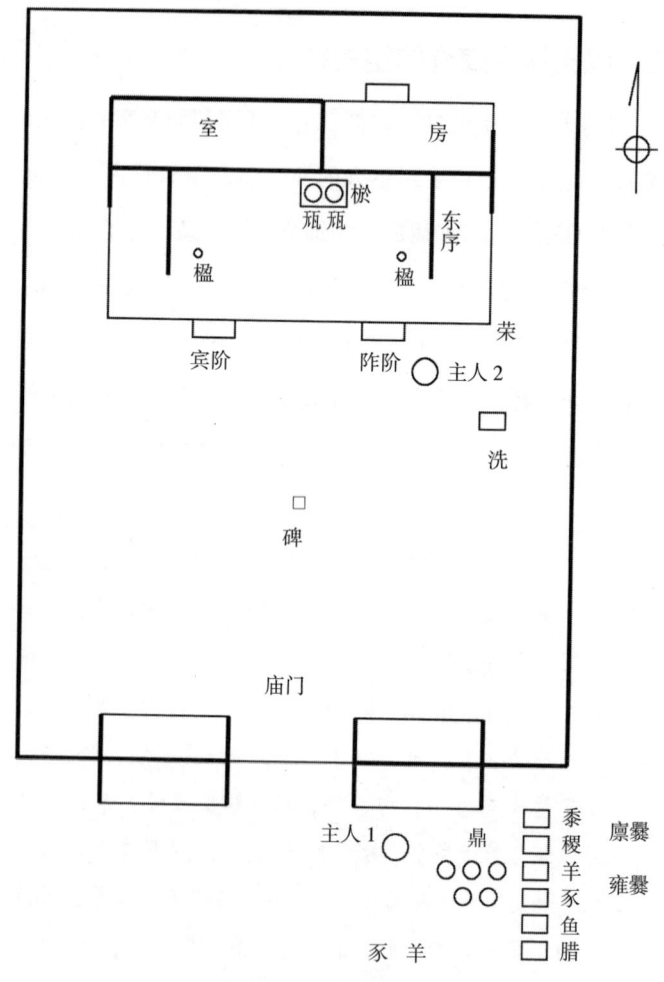

图 15：少牢馈食礼图 2

二骨以并。肠三、胃三、举肺一、祭肺三，实于一鼎。

【白话译文】

第二天（仪式当天），主人穿着朝服，就位于庙门外。站在门的东侧，面向南。宰和宗人面向西，从北边开始依次排列。牺牲动物（羊和猪）头朝北，从东边开始依次排列。

司马刺杀羊，司士扑杀猪。

宗人报告说准备好后，主人回到门内。

雍人把鼎、匕（餐勺）、俎（长方形带两个板状足的案板，在上面放肉）陈列在雍爨（用来煮肉的灶）那里，清洗它们。雍爨位于门的东南，从北面开始依次排列设置。

廪人把甑、甗（都是蒸谷物的器具）、匕、敦（盛放蒸好的谷物容器）陈列在廪爨（蒸谷物的灶）那里，清洗它们。廪爨设置在雍爨的北面。

司宫将豆（高脚盘，盛放带汁的腌制类食物）和笾（高脚盘，盛放干肉等干燥类食品）、舀酒的勺、爵和觚和觯（三者均为酒器，各自容量不同）、几（凭几）、洗（洗手的匜和盘）和篚（竹筐）陈列在堂下院子的东侧，清洗它们。然后把擦拭过的勺、爵、觚、觯放入篚中。

清洗工作结束后，把盛放豆、笾、酒器的篚拿到房内，放在西墙下。

将洗（洗手的地方）设置在阼阶（升堂东面的台阶）的东南，对着东面荣（屋檐）的地方。

在庙门外的爨那里，煮好羹（汤）后，雍人陈设五鼎。其中，三个鼎放在煮羊的镬西侧，两个鼎放在煮猪的镬西侧。

司马拿着匕，从镬里取出羊右半身的肉，放入鼎中。不过，只有髀（大腿肉）不放进去［因为它靠近臀部，不干净］。其做法是，肩、臂、臑、膊、骼的连骨肉，背骨的前、中、后三部分连骨肉分成块，肋骨的前、中、后三部分连骨肉分成块，都是两根骨头切成一块，排放好。取三片肠子、三片胃、一片用于进食前举行"举"礼的肺、三片用于举行"祭"礼的肺，分别放入鼎中。

记述完羊肉的处理方法后，接着记述了其余四个鼎分别装入猪肉、肤（带皮肉）、鱼、腊（干货）的仪式细节，此处省略。顺带提及，通过这些对牺牲动物肉处理方式的详细记述，可知当时参加仪式的士大夫阶层具备对牺牲动物的详尽知识。这与他们出身畜牧业不无关系。

卒脀，皆设扃鼏，乃举，陈鼎于庙门之外东方，北面北上。司宫尊两甒于房户之间，同棜，皆有幂。甒有玄酒……主人朝服，即位于阼阶东，西面。司宫筵于奥，祝设几于筵上，右之。主人出迎鼎。除鼏。士盥，举鼎，主人先入……鼎序入，雍正执一匕以从，雍府执四匕以从……陈鼎于东方，当序南，于洗西，皆西面北上，肤为下。匕皆加于鼎，东枋。俎皆设于鼎西，西肆。

【白话译文】

把肉放进鼎里后，要给每个鼎装上扃（用于抬鼎的横棒）和鼏（鼎盖）。

然后把鼎抬着运到庙门外东侧，朝向北，从北依次陈列。

［另一边，在堂上的］司宫将两个甒（壶）放在堂里面通往房与室的入口中间。两个甒都放在同一个棜（台）上，分别有幎盖。在一个甒里倒入玄酒（水）。［另一个甒里倒满酒］……

主人身穿朝服，在阼阶的东边，面向西方站立。

司宫在室内靠里的位置铺上筵（神座的垫子），祝在筵上右侧（东侧）放上几（凭几）。

主人走出庙门，迎接鼎。

主人打开鼎鼏。士洗手后，抬起鼎。主人在前面引导鼎，进入庙里……

五个鼎依次进入庙中。雍人的负责人手持一个匕，跟在鼎的后面，雍人的属下每人手持四个匕，跟随其后……

将鼎陈列在堂东侧、东序正南、洗（洗手的地方）西边的位置。鼎都面向西方，从北边依次排列。盛放肉皮的鼎，放在鼎列的最后。

匕分别放在每个鼎的上面，柄朝向东。俎分别放在每个鼎的西侧，面向西方，并排而放。

正如这段文字所述，对鼎极为郑重其事。祭礼的准备工作完成后，主人亲自到庙门外迎接鼎，在前面引导，将鼎运送到庙的中庭。主人的这个行为，与后面迎接祖先神的替身尸时，是祝到庙门外迎接，主人只是从堂上下来走到庭中相比，显然更为隆重。和少牢馈食礼一样同为记述祖先祭祀礼的《仪礼·特牲馈食礼》篇中，大概因为祭礼主人的身份是比卿、大夫低的士阶层，所以由他们亲自将鼎抬到庙庭里。如此郑重地对待鼎，暗示着此时和鼎一起迎入庙的不仅仅是单纯的祭肉。

鼎，仅从《仪礼》的记载来看，不是用于炊煮的实用用具。用镬烹饪好的祭肉，在庙门外装入鼎中，运送到庙的中庭。然后将祭肉从鼎里取出，放在俎上，升入仪式的中心场所堂。看来鼎只是用来盛装祭肉穿过庙门的。反过来说，祭肉若不盛装在鼎里，就不能穿过庙门。庙门在祭祀仪式中占有重要地位,形成一个结界。在庙门外举行的仪式,与庙门内举行的仪式,性质上有很大差别。

装在鼎里的祭肉进到庙庭后,又稍做加工,移到俎上,升至堂上。关于这一仪式的细节,《少牢馈食礼》篇是这样记述的:

> 佐食上利升牢心、舌,载于肵俎。心皆安下切上,午割勿没……卒脀,祝盥于洗,升自西阶。主人盥,升自阼阶。祝先入,南面。主人从,户内西面……佐食上利执羊俎,下利执豕俎,司士三人执鱼、腊、肤俎,序升自西阶,相从入,设俎……主人西面,祝在左。主人再拜稽首,祝祝曰:"孝孙某敢用柔毛、刚鬣、嘉荐、普淖,用荐岁事于皇祖伯某,以某妃配某氏。尚飨。"主人又再拜稽首。

【白话译文】

佐食的负责人从鼎中取出羊和猪的心和舌,放在肵俎(摆在尸前的俎)上。此时要把心的下部削平,只留取上部,然后切成纵横十字纹,但不要切断散开,[但另一方面,为了能用手简单分开,也要]切出切口……

把肉都放在俎上后,祝就去洗那里洗手,从西阶升堂。主人也洗手,从阼阶升堂。

> 祝先进入室，面向南方站立。主人跟随其后进入室，站在户的内侧，面向西方……
>
> 佐食的负责人用手捧着羊俎，他的下属手捧猪俎，三名司士分别手捧鱼俎、腊俎、肤俎，依次从西阶升堂，都进入室内后，放好俎。
>
> 主人面向西，祝站在他的左边。
>
> 主人行再拜稽首这一庄重的礼仪。
>
> 祝致祝辞（报告神灵的话）："孝孙某（主人的名字）谨以柔毛（柔软的毛，指羊）、刚鬣（粗硬的毛，指猪）、嘉荐（腌菜类）、普淖（谷物），将岁时祭祀奉献给皇祖伯某，某之妃（配偶）也与某氏家族一同祭祀。恭请飨受。"
>
> 主人再次行再拜稽首礼。

这里由祝代替主人，在祭祀场所向祖先神念诵邀请的话（祝辞）。收到祝辞的祖先神就降临了，在中国古代祭祀仪式上，使用尸，让祖先神的灵附在他身上，由他代替祖先神行动。《仪礼》接着详细记述了迎尸仪式的场景：

> 祝出迎尸于庙门之外。主人降立于阼阶东，西面。祝先入门右，尸入门左……祝延尸，尸升自西阶入，祝

第三章　祖灵与青铜器

从。主人升自阼阶。祝先入，主人从。尸升筵。祝、主人西面立于户内，祝在左。祝、主人皆拜妥尸，尸不言。尸答拜，遂坐……祝与二佐食皆出，盥于洗，入。二佐食各取黍于一敦，上佐食兼受，抟之，以授尸。尸执以命祝。卒命祝，祝受以东，北面于户西，以嘏于主人。曰："皇尸命工祝，承致多福无疆于女孝孙。来女孝孙，使女受禄于天，宜稼于田，眉寿万年，勿替引之。"主人坐奠爵，兴，再拜稽首。兴，受黍。坐振祭，哜之。诗怀之，实于左袂，挂于季指。执爵以兴，坐卒爵。执爵以兴，坐奠爵，拜。尸答拜。执爵以兴，出。宰夫以笾受啬黍。主人尝之，纳诸内。

【白话译文】

祝出到庙门外，迎接尸（祖灵的替身）。

主人从堂上下来，站在阼阶东侧，面向西方。

祝在前面引导尸，进入庙门后，进到庙庭的右侧。尸进入庙门后，进到庙庭的左侧……

[来到堂下后]祝促请尸升堂。尸从西阶升堂，进入室内。祝跟随其后。

主人从阼阶升堂。祝先进入室内，主人跟随其后。

尸站在筵（垫子）上。

祝和主人面向西，站在户的内侧。祝位于主人的左侧。

祝和主人两人行拜礼，促请尸坐在座位上。尸不说任何话。尸行答礼后，坐在座位上。

祝和两名佐食一起从室内出来，在[堂下设的]洗里洗手，再进入室。

两名佐食分别从不同的敦（盛有蒸好的谷物）里面取出黍，佐食负责人接过佐食们取出的黍合在一起，揉成饭团，递给尸。

尸手拿着饭团，向祝传达嘏辞（祖先神给主人的祝福语）。对祝传达嘏辞完毕后，祝接过饭团向东行进到户的西侧，面向北方，用嘏辞祝福主人。

祝福语是这样说的："光辉的尸是这样传达给工祝的：让孝孙你继承无限的多福吧。作为给孝孙你的赏赐，让你得到来自上天的禄（福运）吧，农田里的谷物收成良好，让你长寿万年。不要懈怠，让这份幸运永远保持下去。"

主人坐下，放下爵（酒杯）后，站起来[再次坐下]，行再拜稽首礼，再站起来，从祝那里接过黍团，坐下行"振祭"礼后，将饭团放在门牙上（只是做吃的样子）。

主人把饭团揣在胸前怀里后，把它放进左衣袖里，用小指勾住袖口[使饭团不会掉落]。

主人手拿着爵，站起来一会儿，再坐下喝干爵中的酒，手拿着爵，一会儿，站起来，再次坐下，放下爵，行拜礼。尸行答礼。主人手拿着爵站起来，从室里出来。

［在室外］宰夫用筥（竹筐）接过主人递过来的嘏黍（象征丰收的黍团）。主人尝一口黍的味道，将剩下的部分放到筥里。

上文引用的部分是少牢馈食礼中最重要的仪式环节，在这个场景，主人从降临的祖先神那里接受了祝福。关于这个环节主人行动的细节，有的还难以充分把握其含义，但可以理解其大致方向是，主人通过尸，从祖先神那里接受祝福，为了将祝福完全接住，做了各种各样的动作。

降临的祖先神以尸为中介，把祝福语——嘏辞传达给仪式的主人。这个场合，《仪礼》原文用"命"字来表示传达话语，它与后文谈到的册命、天命的关系是个有趣的问题，关于它的详细讨论拟在后面进行。这个嘏辞以典型形式表明了中国古代祖先祭祀和祖灵观念的根本所在。顺带提及，祝与嘏是一对概念，祝是祭祀者向神灵说祈祷的话，嘏则是神灵对祭祀者赐下祝福的话。

祖先神对子孙们（曾孙、孝孙）奉上的祭礼心生喜悦，与子孙们约定，自己充当中介，从天那儿求得"禄"，把它传授给子孙们。"禄"应是幸福的意思。"禄,福也",是对"禄"的最常见注释。禄的具体内容,正如嘏辞所见,指农作物丰稔、子孙们可以"眉寿万年"拥有长寿。禄本来是天上才有的东西,这可以从《诗·大雅·既醉》篇有"天被尔禄(天把禄赐予你)"的诗句得知,嘏见于《诗·鲁颂·閟宫》篇"天锡公纯嘏(天赐予鲁公大福运)",由此可推测嘏的意思是天上的福运。这种天上的禄通过祖先神的帮助,降临到地上子孙们的身上,子孙们于是可以享受福运了。

像这样,通过举行祖先祭祀,除了子孙们长寿之外,还可以保证农作物丰收。在中国古代的宗教观念中,祖先神们和农作物收成的好坏有密切关系,这也可以从殷代卜辞得到证实。殷人经常会向殷王朝的祖先神中称作"先公远祖"的遥远祖先神祈祷"年(丰收)",占卜远祖们是否会带来作物生长不可缺少的雨水。大概他们认为,殷王朝的远祖们在天上可以代行天帝的职能,为子孙带来雨。[①]

《诗经》的农事诗中,还出现了在收获祭礼上降临的"先祖",这类"先祖"向"孝孙"们授予和馈食礼一样的

---

① 胡厚宣:《殷代天神崇拜》,《甲骨学商史论丛初集》,齐鲁大学国学研究所石印本,1944年。

嘏辞。例如,《小雅·楚茨》篇就是一首农事诗,因详细描写了收获祭礼的场景而具特色。诗很长,稍做节略如下:

> 楚楚者茨,言抽其棘。
> 自昔何为,我艺黍稷。
> 我黍与与,我稷翼翼。
> 我仓既盈,我庾维亿。
> 以为酒食,以享以祀。
> 以妥以侑,以介景福。
> ……
> 祝祭于祊,祀事孔明。
> 先祖是皇,神保是飨。
> 孝孙有庆,
> 报以介福,万寿无疆。
> ……
> 我孔熯矣,式礼莫愆。
> 工祝致告,徂赉孝孙。
> 苾芬孝祀,神嗜饮食。
> 卜尔百福,如几如式,
> 既齐既稷,既匡既敕,
> 永锡尔极,时万时亿。

礼仪既备，钟鼓既戒。

孝孙徂位，工祝致告。

神具醉止，皇尸载起。

鼓钟送尸，神保聿归。

诸宰君妇，废彻不迟。

诸父兄弟，备言燕私。

乐具入奏，以绥后禄。

尔殽既将，莫怨具庆。

既醉既饱，大小稽首。

神嗜饮食，使君寿考。

孔惠孔是，维其尽之。

子子孙孙，勿替引之。

【白话译文】

荆棘丛生，除去带刺的枝条，修整农田。

继续太古以来的工作，我们培育黍稷。

我们的黍生长茂盛，我们的稷枝叶伸展。

我们的谷仓满满当当，野外堆积的粮食也高达十万。

用这些谷物制作酒食，供奉神灵，祭祀神灵。

让神心情舒畅，推荐给神，乞求得到大福运。

祝在枋进行祭祀，祭事成功地与众神沟通。

祖灵降临，让众神享受了祭祀。

孝孙祭主于是获得了幸福，

神更授予大福,保证永远长寿。

……

我们极其恭谨,没有缺乏礼数的地方。

祝宣告神的话,原样传达给祭主。

"供品散发着浓郁的香味,神高兴地吃喝了。

授予你百福,如你所愿,就如约定的那样,

恭谨而顺利,正确而坚定,

赐给你至极之福,成万上亿。"

祭祀仪式十分顺利,乐官们心中也不敢懈怠。

祭主下到堂下,祝传达神的话。

众神吃饱喝足,尸站起来。

钟鼓鸣响欢送尸,神踏上归途。

众宰和夫人将供奉神的食物撤下来。

亲近的亲属举行分食祭品的宴会。

乐人一齐演奏,以安后日之禄。

把菜肴分给大家,一团和气,都很喜悦。

酒足饭饱之后,人们都稽首说:

"神享受了饮食,授予主君长寿。

这个恩惠是多么深厚而正确,希望能普及到所有东西。

直到子子孙孙,都不会改变,一直延续下去。"

《诗经》的农事诗有固定格式,一般按时间顺序叙述一年的农事活动，最后把收获祭礼上说的祝福语原封不动写上去就结束了。① 不过，这篇《楚茨》和其他农事诗稍有差异，农事描写简单，但却详细记述了收获祭礼上的仪式。

在收获祭礼上，要用新谷准备酒食，邀请来祖先神，供奉其饮食。对酒食心满意足的祖先神，通过祝给予祭主"曾孙"（应是统治附近一带土地的领主）祝福。之后，担任祖先神替身的尸从祭场退出，祖先神也回到天上去了，然后用供奉给神的酒食，以领主家族为中心，举办分食祭品的宴会。宴会最后，包括领民在内的家族上下一起祈祷领主长寿和子孙繁荣，说些祝福的话，这首诗到此结束。

收获祭礼的祭祀程序，和之前看到的构成少牢馈食礼核心、降临的祖先神通过尸和祝给予主人祝福的情节基本相同。可以说，收获祭礼上降临的"先祖"和少牢馈食礼上祭祀的祖先灵，基本是同一性质的神。值得注意的是，正如《楚茨》篇所说"祝祭于祊（祝在祊祭祀）"，收获祭礼上祭祀的祖灵，不是在庙堂上正式接受祭祀的神，而是在庙门旁边的"祊"邀请来接受祭祀的神。

---

① 关于《诗经》的农事诗，白川静《稿本诗经研究·通论篇》（1970年油印本）有系统论述。

第三章　祖灵与青铜器

关于祊的祭祀，有各种各样的说法，很多问题不清楚。不过，多数注释意见认为，在庙门旁边的祊祭祀的，应当不是在庙堂上祭祀的那种个性鲜明的祖先神，而是远古的祖先神。《说文解字》解释"祊"为"彷徨"的意思，《礼记·郊特牲》篇说"祊"是搜求、寻找的意思："不知神之所在，于彼乎？于此乎？或诸远人乎？（不知道神在哪里，在那里吗？在这里吗？或者是在远离人居住的地方吗？）"寻找彷徨在这里的祖先灵魂，邀请到祭祀场所，进行祭祀，或许就是"祊"。无论如何，在祊中接受祭祀的，不是和祭主谱系直接相连的较近的祖先神，而是连谱系关系都变得不清晰的遥远祖先神。认为殷遥远的祖先神祊甲、祊乙等可能与这个祊祭有关的说法，或许值得参考。

毋庸赘言，在中国传统的宗教祭祀中，祖先祭祀占很大比重，不过，有必要充分认识到，在这种祖先祭祀中，对较近的祖先神的祭祀和对遥远祖灵的祭祀，性质上存在一定的差异。这里讨论的祖先祭祀，主要是供奉遥远祖灵的祭祀。祭主自称"曾孙"，或许也是对遥远的祖先自报名姓时使用的称谓。而且，我想关注的是，这种遥远的祖灵，在收获祭礼时邀请来，或者像《少牢馈食礼》篇中约定农作物丰收那样，与农耕神和谷灵融合，成为两位一体密不可分的神灵了。

死者的灵魂接受几次祭祀后，就会逐渐丧失其个性，同化到祖灵群体中去。这种祖灵同时带有谷灵的性质，日本民俗学已经从各种角度证明了这一点。① 关于中国的祖灵是否也具有同样的性质，目前还未见到充分的讨论。中国即便从地域辽阔的角度来说，无疑很难一概而论。不过，从这一视角出发重新研究中国的民俗资料，是中国民俗学必须直面的重要课题之一。死者的灵魂是经由土地神的社神送往阴间的民间信仰，在现代中国的民间故事中仍能见到其踪影，若将时间回溯，周族把他们的远祖称作"后稷"，就已经将远祖神和农耕关联在一起了。

上文所引《仪礼·少牢馈食礼》篇中，在传达约定长寿和丰收的嘏辞时，将黍团和祝福语一起，由尸传递给祝、又由祝传递给主人。接受传递的主人也通过各种各样的动作，想要牢牢地抓住它。他们可能认为这个黍团汇聚了带来丰年的能量吧。降临的"先祖"们以尸为中介，将象征

---

① 例如，柳田国男《食物と心臟》（创元选书，1940年）等。

丰收的黍团传授给主人，由此也可以看出，"先祖"神中包含着农耕神、谷灵的性质。

《少牢馈食礼》篇的嘏辞中，降临到祭祀场所的祖先神，不仅保证丰收，还保证子孙们能够长寿。西周后半期的青铜器铭文上已经出现了这样的内容，例如：

> 前文人其严在上……降余厚多福无疆。（井人伕钟）
> 【白话译文】
> 拥有文德的我先祖在天上……给我降下无限的福运。

> 其格前文人，其频在帝廷陟降，龘圈皇帝大鲁命，用黐保我家朕位默身，陀＝降余多福宪庶，宇慕远猷。（默簋）
> 【白话译文】
> 拥有优秀文德的我先祖，升到天帝那里，继承天帝的大命，为我家、我的王位、我自己的身体谋求安全，不断为我谋划多福、宪庶（？），授予我预测未来的计划。

认为地上子孙们的幸福，在各个方面都以祖先神为中介，从天上获取。用青铜礼器举行祖先祭祀，也是祈祷长寿、永生不可或缺的礼仪。

关于天上的祖先与子孙寿命有关的观念,《尚书·盘庚》篇的下列记载也可参考:

> 我迓续乃命于天,予岂汝威。用奉畜汝众……古我先后既劳乃祖乃父,汝共作我畜民。汝有戕,则在乃心。我先后绥乃祖乃父,乃祖乃父乃断弃汝,不救乃死。兹予有乱政同位,具乃贝玉。乃祖乃父丕乃告我高后曰:"作丕刑于朕孙。"迪高后丕乃崇降弗祥。

【白话译文】

[殷王盘庚对那些心怀不满的人,说了下段话]我从天上接过、延续了你们的命。我怎么可能威胁你们?[从天上接过你们的命]是要好好养你们众人的……

当初,我的先王高度评价你们祖父和你们父亲的功绩。你们现在也[和你们的父祖一样]作为民众的领导者身居官位。然而你们却施行暴虐。这是因为你们心地不善。我的先王信赖你们的祖父和你们的父亲,放心地把全部都委托给他们。[为了回报这份信赖]你们的祖父和你们的父亲会断然抛弃你们,不会把你们从[作为惩罚而降下的]死亡中拯救出来吧。

现在我让[你们]担任执政大臣,拥有和你们先祖相同的官位。但你们却只热衷于聚敛财货和宝玉。[看到你们这样]你们的祖父和你们的父亲一定会明白地告诉我的高祖、先君说:"请对我的子孙降下严厉的惩罚吧。"[如果这样做了,你们的先祖就亲自]打开了高祖、先君降给你们大量不祥的道路。

由此可知,地上臣下们寿命的长短是由升到天上的王朝的高祖、先君们决定,并降到地上的。在这个过程中,当时人认为,在天上的臣下的祖先们也能为地上的子孙们说好话。《盘庚》篇记述说天上的祖先神们希望自己的子孙短命,这是在恐吓反抗的臣下这一特殊场合说的,一般情况下都是子孙以祖先神为中介向天祈求长寿。降临的祖先神保证子孙们"眉寿无疆",应当不是祖先神直接授予子孙长寿的意思,而是以他们为中介,向天请求授予子孙寿命。

此外,《盘庚》篇说,决定地上臣下们寿命的是升到天上的王朝先王们,这也是原来的天赐寿命观念在强调君臣关系的过程中演化的结果,若溯其根本,认为决定地上人们寿命的仍是无情的天或天帝吧。例如,《礼记·文王世子》篇记载说,武王梦见帝(天帝)授予他九龄(九十岁寿命)。

许多青铜器铭文在最后的部分，几乎都写着固定的话："制作这件青铜器，举行祖先祭祀，祈求长寿"。认为通过举行祖先祭祀就能得到长寿的背景，是当时存在这样的观念，即认为个人的寿命属于天，以祖先神们为中介，可以请求延长寿命，这也可以从西周时期的其他史料得到证实。

《仪礼》的馈食礼和《诗经》的农事诗中，降临的祖灵授予祭主的祝福话，与不少金文（尤其是西周中期以后的金文）末尾所附的吉祥语类似。对此，徐中舒教授在《金文嘏辞释例》的论文中做了全面探讨。①

金文后半部分所附的吉祥语，采取的是下列表现形式。举近年陕西省岐山县董家村出土的此鼎（此是人名）铭文的例子：

> 佳十又七年十又二月既生霸乙卯，王才周康宫徲宫。旦王各大室即位。嗣土毛叔右此入门，立中廷。王乎史廖册令此。曰："旅邑人膳夫，易女玄衣黹屯，赤市朱黄銮旂。"此敢对扬天子不显休令，用乍朕皇考癸公隣

---

① 徐中舒：《金文嘏辞释例》,《史语所集刊》六本一分。

鼎。用享孝于文申，用乞眉寿。此其万年无疆，俊臣天子霝冬。子=孙=永宝用。

【白话译文】

周王十七年十二月，既生霸（上弦月到满月的期间）的乙卯日，周王前往周都城康宫中的穆宫，黎明时分起驾到大室，站立［在大室的中央，面向南方］。

司徒毛叔服侍在此的右侧，进入庙门，站在［大室前面］廷的中央［面向北方］。

周王命令史官廖说，开始举行对此的册命仪式。

［当时的册命辞是这么说的］"要一起管理邑人和膳夫。授予你有黻纯的玄色上衣、赤色的蔽膝、朱色的佩珠和带铃的旂。"

此为了称颂天子授予的光辉之"命"，制作了皇考癸公障鼎。用这个鼎来祭祀［祖先神们的］文神（魂魄），祈祷长寿。

此啊，直到万年都不断绝，作为天子的优秀臣下而努力，直至永远。子子孙孙都要把这个鼎当作宝物使用下去。[1]

上述铭文记录了此鼎的制作始末：名叫"此"的人从周王

---

[1] 《文物》1976年第5期，《铭文选》422。

那儿接受了任命官位的"册命",同时还接受了各种赏赐品,为了纪念这件事,此制作了祭祀父亲癸公的礼器(亦即此鼎)。

铭文的前半部分记述了"册命"仪式,西周中期以后,记录这种仪式的"册命金文"开始急速增多。关于册命仪式的具体细节,以及背后的"命"观念,将在下一章进行详细讨论。

这里想关注的是册命仪式结束后的记述。铭文后半部分写道:"用享孝于文申(神),用匃眉寿。此其万年无疆,俊臣天子霝终。子=孙=永宝用。"其中"眉寿""万年无疆""霝冬(令终)"等词汇,在《仪礼》等记述祖先祭祀场合,祖灵们传授给子孙的嘏辞中也常能看到。

这里虽然只举了此鼎铭文一个例子,但同样的句式在西周后半期的金文中还能见到很多。从礼书记述的祖先神的祝福语与金文祝辞中的词汇相重合这一点,可推测青铜器制作背后的宗教礼仪的场与《仪礼》记录的馈食礼等祖先祭祀的场之间,存在不少重叠的要素。

3 附身鼎上的东西

再一次回到《仪礼》的记载，正如《少牢馈食礼》篇所见，鼎这种容器，并没有用在其本来的用途炊煮肉类上。炊煮使用的是和鼎不同的称作"镬"的容器。镬和鼎被认为是同类型的器物，这可以从《周礼·天官》有关亨人的职掌"亨人掌共鼎镬（亨人负责供给鼎和镬）"得知。"亨人"的"亨"，通"割烹"的"烹"字，指将生食煮成熟食。担任这项工作的役人叫亨人。亨人条郑玄注解释说："镬所以煮肉及鱼腊之器，既孰，乃脀于鼎（镬是用于以火炊煮肉、鲜鱼和干货类的容器。将它们煮熟后，盛到鼎里）。"

通过关于鼎的这些记述，或许可以做如下理解，亦即：在《仪礼》《周礼》记载的礼仪制度中，鼎原本作为容器所具有的功能中，实用功能的部分转移给了镬，只保留了非实用功能。其非实用功能的核心，就是与祖先祭祀密切相关的宗教功能。

如前所述，供奉给祖先神的祭肉是装在鼎中，被人们抬着，穿过庙门，运到祭祀场所的。反言之，祭肉若不放入鼎中,就不能穿过庙门。进入到祭场的鼎,由主人郑重地来迎接。在这一场景中,鼎的性质发生了怎样的变化呢?

在《仪礼》记述的各种祭祀礼仪中,除了少牢馈食礼外,还有几个在仪式开始时将鼎放在门外的例子。例如,《士昏礼》篇记述了士阶层的婚姻仪式,其中有如下内容:

期初昏,陈三鼎于寝门外东方,北面北上。其实特豚,合升,去蹄。举肺脊二,祭肺二。鱼十有四。腊一,肫髀不升。皆饪。设扃鼏。

【白话译文】

婚礼当天,日暮时分,将三个鼎放在寝门(前厅正门)外东侧,面朝北方,自北向南依次陈列。在[位于北侧的第一个]鼎中放一头小猪。把切成左右两半的小猪合在一起,去掉猪蹄。再放进去食用的肺和背骨各两个,两个供给神的肺。[在位于中央的第二个鼎中放入]十四条鱼。[在位于南侧的第三个鼎中放入]一整只兔子的肉干,去掉尾部。

上面的肉类[在放入鼎之前]都要烹饪好。

摆放好扃(用于抬鼎的横木)和鼏(鼎盖)。

第三章 祖灵与青铜器

中国古代的"婚礼"写作"昏礼",据说是因为婚礼的主要仪式是在夜晚昏暗的夜色中进行。注释家解释说,因为婚姻本质上是见不得人的,所以才这样称呼,但这种解释或许稍微偏离了本意。在半夜的主要仪式之前,一到日落时分,马上把三个鼎摆放在寝门前,在其中放入另行烹饪准备好的肉类。

《仪礼·公食大夫礼》篇也记载,要先把鼎陈列在门外,只是鼎的数量变多了。

> 甸人陈鼎七,当门,南面西上。设扃鼏。鼏若束若编。

【白话译文】

甸人把七个鼎放在门的正面,面朝南方,自西向东依次陈列。

摆放好扃和鼏。鼏的茅或者扎成一束,或者编起来。

在《仪礼·特牲馈食礼》的记述中,鼎的使用特别郑重其事。特牲馈食礼和上文谈到的少牢馈食礼一样,都是请来祖先神、供奉其酒食的仪式,但少牢馈食礼是属于统治阶层上层卿、大夫的祭礼,特牲馈食礼则是作为统治阶

层基础的士的祭礼。其文载:

> 厥明夕,陈鼎于门外,北面北上。有鼏。棜在其南,南顺。实兽于其上,东首。牲在其西,北首东足。

【白话译文】

第二天傍晚在门外放置鼎,面向北方,自北向南依次陈列。[在这些鼎上]盖上鼏。

棜(无足的台)放在鼎的南侧,向南依次摆放。兽(肉干)面朝东方放在棜上。

[捆绑的活的]牺牲动物放在它的西侧,头朝北,足朝东。

在给祖先神供奉饮食仪式的前一天晚上摆放鼎。陈列好后,就这样过一晚上,到第二天早上,主人再到门外亲临牺牲动物的宰杀现场,然后用这些动物的肉举行馈食仪式的主体部分。

在《仪礼》记载的这些祭礼仪式上,为何要在主要仪式开始前将鼎陈放在门外呢?特别是特牲馈食礼,将鼎放在门外一晚上,肯定会出现沾上尘土等不卫生情况,但为什么还一定要这么做呢?

第三章 祖灵与青铜器

首先我们注意到，这些都是在祭祀尤其是祖先祭祀活动开始之前进行的。昏礼等人生大事，也是需要祖先神出席的活动。做好摆放这些鼎的事前准备，是宗教性仪式不可缺少的环节，由此可以反推，不含宗教意味的一般性仪式不需要做这样的准备。下面即其例。

诸侯之间派遣使者、互致问候的外交礼仪称作聘礼，《仪礼·聘礼》篇记述了聘礼的仪式。篇中所载接待使者的饮食就是不具宗教意味的日常饮食。例如，使者到达对方国家后，被引导到馆舍中，由主人一方提供饮食。该篇是这样记述这一场面的：

> 宰夫朝服设飧。饪一牢，在西，鼎九。羞鼎三。腥一牢，在东，鼎七。

【白话译文】

宰夫身穿朝服，设飧（非正式饮食）。

[饮食的内容包括]一牢份做好的肉，装入西侧的九个鼎里。旁边附三个陪鼎。一牢份没煮的肉，装入东侧的七个鼎里。

正如郑玄注所说"中庭之馔也"，这种与祭祀仪式无关的日常饮食场合，鼎从一开始就放在堂前的中庭里。

若是这样的话，祭祀活动中的礼仪性饮食场合，鼎必须要先摆放在门前的理由是什么呢？《仪礼》以外的古代礼书对这个问题均未置一词。《礼记》等书虽然喜欢谈论礼的精神，但对于其背后的宗教和民俗方面的意义，却几乎没有论及。这里斗胆谈一下我的推测，鼎可能具有下列功能。

亦即，鼎这种礼器具有作为祖先神附身的功能。祖灵附身在门前陈列的鼎上，鼎从门外运到庭中时，祖先的灵也跟着一起进入到门内。门是一种结界，即便是宗庙建筑，祖先的灵可以自由来到门前，但却不能穿过门。把遥远的祖先神们邀请到祊的仪式，特意在门那儿举行的原因可能也在于此。在堂的内室举行的祭祀仪式的核心部分，祖先的灵也是以鼎中的食物为媒介被运送到室内出席仪式的，这个场合的饮食活动就变成了主人（祭祀者）和参加者、祖灵之间举行的共同会餐仪式了。

正如前文所见，馈食礼上，鼎从庙门运进来时，主人要出到庙门外，去迎接鼎。迎接祖先神附身的尸时，主人只走到堂下的庭而已，两相对比，对鼎显然采取了更为郑重的礼仪。其原因应当不难推测。亦即，主人出到门外，

第三章　祖灵与青铜器

并不是迎接装着肉类的容器鼎，而是郑重迎接附身在鼎上的祖先灵魂。

鼎具有祖先神附身功能的推测，可以通过《仪礼》其他篇正文和注释的记述得到补充加强。例如，中国古代的成人礼，因仪式的中心是长辈给成年的年轻人戴上正式的冠，所以称作"冠礼"，在记载这一仪式的《仪礼·士冠礼》篇的最后有这样一段文字：

> 若孤子……若杀，则举鼎陈于门外，直东塾，北面。
> 【白话译文】
> ［接受冠礼的年轻人］若是孤儿……如果宰杀牺牲动物［举办隆重仪式的话］，就将鼎运到庙门外正对着东塾的地方，面向北摆放。

郑玄注补充说："父在，有鼎不陈于门外（父亲若在世，有鼎也不摆放在门外）。"由此可以反推，这种场合，如果父亲去世了，为了邀请孤儿父亲的灵魂出席仪式，就将鼎摆到门外。而且，只有宰杀牺牲动物、使用祭肉的场合才需要做这种准备工作，它表明祖先的灵魂是依附在鼎中的祭肉上，被运进庙里的。顺带提及，《礼记·冠义》说："古者重冠，重冠故行之于庙（古时重视冠礼。因为重视冠礼，所以仪式在宗庙举行）。"但可能并非仅仅是出于重视仪式本身的目的才在宗庙举行冠礼。年轻人成为地域共同体成员的成人礼，需要祖先们的灵魂出席，接受他们的认可。这样不就可以理解冠礼要在宗庙举行的本意了吗？

上文说到门构成结界，门的位置是连接内部空间和外部空间的场所，在宗教礼仪中常常具有重大意义。其中，在对祖灵的礼仪中，其重要性显得尤为突出。若拿日本的情况来说，为了迎接祖灵，盂兰盆节要在门口点燃迎魂火，同样盂兰盆节为了供养祖灵，要从聚落附近的小高丘或山上（认为祖先先降临那里）挖来带根的小松树，栽在门口。小松树就是来访祖灵的附身，正月的门松（从野外挖来松树，放在门口）也具有相同意义。正月和盂兰盆节是以半年为周期的祖灵回归时间，搞清楚这一点可以说是日本民俗学取得的重要成果之一。

中国古代以鼎为代表的青铜容器所发挥的功能，就像日本民俗活动中松树等植物所发挥的功能一样。反映鼎是祖灵附身的资料，此外还可以找到一些。例如，《尚书·高宗肜日》篇的序中记载了这样一个事件，殷王在为他的祖王举行"肜日"之祀时,有雉飞来,落在鼎耳上鸣叫。肜日之祭,读过甲骨文资料的人都知道,是殷王朝后半期每年举行一轮的五种大规模祖先祭祀活动之一。在祖先祭祀现场出现的雉,可以理解为是化身为鸟形的祖先之灵。雉停留在鼎耳上,意味着鸟形的祖灵附身到了鼎上。

此外,在《周易》鼎卦"耳革"的正文下所附注解释说:"鼎之为义,虚中以待物者也(鼎本来的作用,就是要让中间空着,等待'物'进来)。"这里说的"物"并非单纯指食物等,而是上一章讨论的鬼魂之"物",遥远的祖先神也属于"物"的范畴。也就是说,上文引用的《周易》注所反映的,可能就是鼎中空部分栖息的是远祖祖灵的传说。

通行说法认为,日语ホトケ(hotoke)是指称释迦牟尼的"仏陀(budda)"或"浮図(futo)"的音译,柳田国男对此提出异议,认为ホトケ应通ホトギ,是从先祖的灵魂寄居在ホトギ等容器中这一观念中,派生出了ホトケ这个词。[①]虽然很难判断这一语源解释是否正确,但可以看到,

---

① 柳田国男:《先祖の話》,筑摩书房,1946年。

祖灵寄居在中空容器里的宗教观念，无论是在日本还是中国古代都普遍存在，[①]鼎等青铜容器在祖先祭祀中起着很大作用，其根本原因或许就在于此。

不只是鼎，祭祀用的青铜容器都是祖灵附身、隐藏其中的容器。这些祖灵有的情况下是死去的父亲或祖父，但更多情况下是传说的该氏族起源时代的祖先神。这种遥远的祖先神已经失去了本来的个性，与自然神尤其是土地神、农耕神融合在一起了。这种祖先神和之前提到的"物"具有相通性，可以把青铜器侧面描绘的所谓饕餮纹理解为就是这类远祖形象的写照。

顺便提及，远祖像被画在青铜器的侧面，与此不同，蛇、鱼等纯粹的土地神、自然神图像，却被画在盘、匜等容器的底部。祖灵像之所以画在青铜祭器的侧面，正如祖灵祭祀时门的仪式很重要所表明的那样，是因为人们认为祖先神们是从水平方向来到祭祀场所的。

---

① 小南一郎《壺型の宇宙》，《東方学報》（京都）61册，1989年。

第四章

册命仪式

1 官职世袭仪式

册命是西周后半期特别盛行的官职任命仪式。"册命"一词见于青铜器铭文,相当于传世文献资料中写作"策命"的仪式。例如,《春秋左氏传》僖公二十八年所载周王策命晋文公为侯伯(承认其霸主地位)就是一个例子。"策"和"册"意思相通,指把竹简和木简编连成册书,另外还可作动词,指授予这样的册书。仪式的中心是统治者将记载职务任命内容的带"命"字语句的册书授予臣下,因此这个礼仪也被称为"册命"。[①]

---

① 关于西周时期的册命仪式,有许多研究成果。齐思和:《周代锡命礼考》,《中国史探研》,中华书局,1981年;张光裕:《金文中册命之典》,香港中文大学《中国文化研究所学报》10卷2期;(转下页注)

"命"具体是指君主向臣下下达委任职务的指示。例如《尚书》中有《顾命》《文侯之命》等名为"命"的几篇,就是因为它们是在官方场合发出的、以"命"为中心形成的篇。只是"命"这个词,不仅仅表示职务任命,还含有更重要的意义。"命"字背后存在着西周政治体制的根本理念。

顺便说一下,后世写作"命"的字在西周时期的金文中大多写作"令"。例如,相当"天命"的词,在西周金文中写作"大令"。到了西周后半期的金文中,才从"令"字中派生出"命"字,出现了"令(𠄍)""命(𠄎)"两个字分开书写的例子,但在本书中,只要不特别妨碍,考释时仍将原文中的"令"字用"命"字来表示。

在西周建国之初的金文中,有不少对有功劳的臣下进行分封、授予新职务的例子。例如,西周初年与匽(燕)国有关的一件青铜器克盉上记有周王的话:"侯于匽(封侯

(接上页注①) 武者章:《西周册命金文分类の試み》,松丸道雄编《西周青銅器とその国家》,东大出版会,1980年;陈汉平:《西周册命制度研究》,学林出版社,1986年;汪中文:《西周册命金文所见官制研究》,编译馆,1999年;吉本道雅:《西周册命金文考》,《史林》74卷5号,1991年,等等。

于匽)";再如,宜侯夨簋铭文记载,周王命臣下夨"侯于宜(封侯于宜之地)",并详细记载了赐予的土地和人口的数量(图16)。但到了西周王朝的后半期,官职基本上都变成世袭继承了。册命仪式不再是为任命新的职务或分封,而是为了世袭祖先的职务举行的仪式。如果是授予新的职务,只要你确实取得了这样的功绩,就应当授予你这个职务,但对于在一个家族内继承特定的职务,就要为世袭的正当化寻找理由。为这个理由的理论化发挥作用的是"命"的观念。

是否允许世袭某个官职,可能会受到王室周围政治势力动向的影响,但作为理念,官职继承的必要条件是必须继承"命"。只有有了"命"的继承这一基础,才有可能继承官职。这里,比起现实政治势力的动向,我更想从作为其根本的理念视角,分析册命仪式所具有的意义。

首先举一个记有册命仪式的典型金文案例。下面是西周后半期制作的善夫山鼎铭的全文(图17):

> 隹卅又七年正月初吉庚戌,王才周,各图室。南宫乎入,右善夫山入门,立中廷,北乡。王乎史䇂册令山。

克盉 北京西部琉璃河燕国墓地出土

称作"盉"的青铜器,据说是调酒用的。

宜侯夨簋 江苏省丹徒县出土

簋是盛谷物奉献神的器物。

图16:与分封有关的金文

上图为克盉,分封于燕(匽)。

下图为宜侯夨簋,分封于宜。

第四章　册命仪式

图17：善夫山鼎

王曰："山，令女官䤲饮献人于㺇，用乍宪司贮，毋敢不善。易女玄衣黹屯、赤市朱黄、銮旂。"山拜稽首，受册，佩以出，反入堇章。山敢对扬天子休令，用乍朕皇考叔硕父䏰鼎，用祈乞眉寿绰绾，永令霝冬。子=孙=永宝用。①

【白话译文】

［周某王］三十七年正月初吉（月初）庚戌日，王在周的都城，前往［宗庙中］名叫"图室"的建筑。②南宫（人名）受王的召唤前来，在善夫（即膳夫，职名）山（人名）的右侧陪同进入庙门，面向北站在廷的中央。王命令史（书记官）㚔对善夫山执行册命。

［在㚔宣读的册命文书中，］王说了下段话："山啊，命你掌管㺇的饮献人。用他们来管理宪司的仓库，一定要出色地完成工作啊。授予你装饰裙裾的黑色衣服、赤色围裙和带铃铛的旗。"

山行拜稽首礼（恭敬的大礼），接受写有册命内容的册书后，把它佩带在腰间暂时退出，再回来，把瑾璋

---

① 善夫山鼎（扶风县岐山附近出土），《文物》1965年第7期、《铭文选》445。

② 有观点认为，图室是从属于宗庙的建筑，画有天神等像。无叀鼎铭文有"述于图室（在图室举行燔祭）"，可知图室是举行重要祭祀仪式的场所。参见刘正《金文庙制研究》，中国社会科学出版社，2004年。

（玉器）交给王。

山为了回应天子赐予的充满恩惠的"命"，颂扬它，制作了放在光辉的皇考叔硕父庙中的鼎。祈祷通过这个鼎，能得到长寿和美满的结局。

［山啊，］让子子孙孙都把这个鼎当作宝物使用下去。

以善夫山鼎铭文记载的内容作为一个典型案例，再参考同样记有册命仪式的其他金文内容，可以将册命金文的基本内容条列如下：

ⅠA 佳卅又七年……	册命仪式的时间和地点，以周王的活动为中心进行记录。
ⅠB 南宫乎入，右善夫山……	在中介的陪同下，接受册命的人（受命者）进入仪式场所。
ⅠC 王乎史桒册令山……	王命令史官举行册命仪式。
ⅡA 王曰：山，令女……	史官代替王宣读王让受命者担任官职的任命。
ⅡB 易女玄衣黹纯……	王说赐下各种物品等话。
ⅡC 山拜稽首……	接受册命之辞后，受命者采取的行动。

ⅢA 山敢对扬……　　　　　受命者为了纪念从天子那儿得到的恩惠，制作了祭祀祖先用的青铜器（即有其铭文的器物），祈愿长寿和幸运。

ⅢB 子＝孙＝永宝用……　　［参加仪式的人们一起唱到］让受命者子子孙孙都使用这件青铜礼器的祝辞。

　　西周中后期大量制作的册命金文，大部分都和这里列举的善夫山鼎铭文一样，由基本相同的要素和结构构成，只是其中的个别要素存在差异和省略等。反过来说，所有的册命金文都千篇一律地记录了册命仪式的场所、参加仪式者的人名和在那里举行的每一个礼仪活动细节。但是，虽然我们看起来千篇一律，但对当时人来说，这些为受命者举办的每一场册命仪式，都有必要记录下来仪式的每一个细节。如果只简要记录说"王册命了某人"，是无法充分证明受命者接受了职务任命。

　　这些西周后半期大量制作的册命金文之间看不出来有很大的差异，若对各个部分进行归纳总结的话，可得出如下结论：

第四章 册命仪式

ⅠA部分记载了举行册命仪式的日期和时刻,但几乎都和"佳王元年四月既生霸(既生霸表示月相)"(元年师旋簋)等例子一样,没有记载王名,进而像"佳王正月初吉丁卯"(申簋)等那样,也没有记载是在周王哪一年举行的仪式。以我们通常的观念来看,在证明官职任命的文件中,比起记录该仪式的场所和具体时刻,记录在哪一年、从哪个国王那儿接受任命更重要,但当时的人并不这么认为。特别是对于发出授命的王的名字,大多数铭文都没有记载。

这可能表明,在当时人的意识中,册命仪式可能是在非历史时间中进行的。不需要王的具体名字,只要是周王以王的身份主办的仪式就足够了。如后所述,推测册命仪式的基本特征是以重复原型为目的的超时间性的仪式活动。

册命仪式,像"王才周康宫,各大室,即立(王在周的康宫,各大室,即位)"(申簋)等那样,多在周王朝的都城宗庙附属的大室(大概是宗庙的正殿)举行。不过,除此之外,也有在王宫附属设施,或者像师西簋铭文中"王在吴,各(格:到)吴大庙"那样,周王到臣下家去,在臣下家宗庙举行册命的情况。

许多册命仪式都在宗庙举行,它表明在背后支撑这一仪式的观念与祖先信仰密切相关。这些铭文的末尾，一定会写上为了纪念接受册命制作了祭祀祖先用的礼器，也显示出册命的一系列仪式与祖先崇拜密不可分。

举行仪式的时间，从"旦，王各大室"的铭文占大多数来看，基本定在清晨。古代中国一般都在清晨举行仪式，不只册命仪式如此。王在举行仪式的前一天，可能会在宗庙中留宿一晚。清晨王前往大室即位，是前往大室正面的堂，在堂的中央，面向南边前廷的方向站立（图18）。

ⅠB部分记载了接受册命的受命者和陪伴他的"右者"从南门进入仪式场所，在大室的前廷面朝北站。右者的"右"表示帮助（服侍）的意思，实际中要在受命者右侧进行陪伴。在册命仪式上，受命者不能一个人走到王面前。在授命者和受命者之间中介的右者是必不可少的。从善夫山鼎铭中"南宫乎入"担任右者的角度来看，至少在这种情况下，右者是由周王指名的，虽说是中介，但也是站在授命的周王一方的辅佐者。[①]

ⅠC部分记载了王指示王朝的史官对受命者进行册命。

---

① 关于右者的性质和职责，参见汪中文《西周册命金文所见官制研究》。

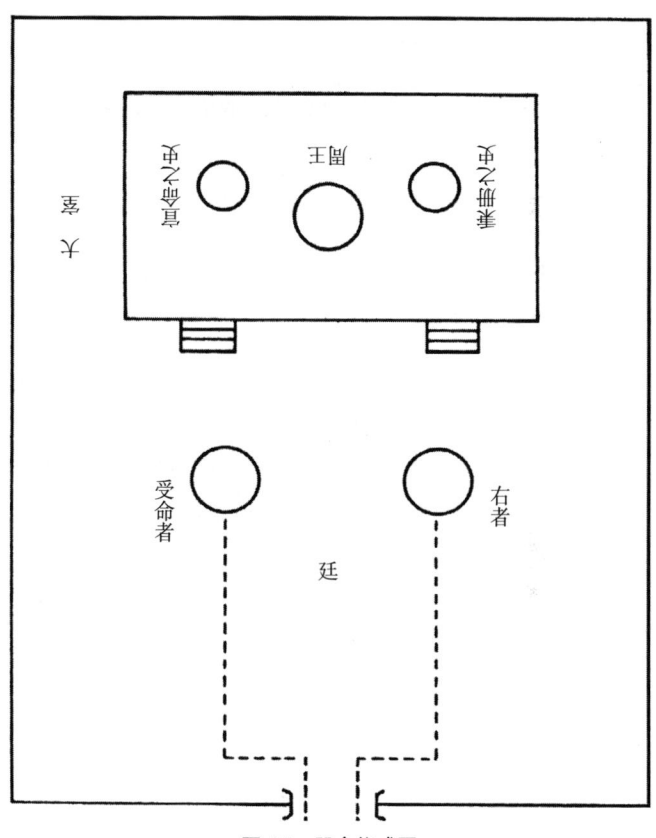

图 18：册命仪式图

具体来说就是，史官奉王之命，宣读事先制作的册书（命书）。下段的"王曰"以下部分就是写在册书上、由史官宣读的"命"的具体内容。

颂鼎铭文中，详细地叙述了这部分手续，它是这样说的：[①]

> 宰弘右颂入门，立中廷。尹氏受王令书。王乎史虢生册令颂。
>
> 【白话译文】
> 担任宰职的名叫弘的人，在受命者颂的右边服侍，从门进去，站在廷的中央。尹氏把准备好的命书交给王。王将命书交给史官虢生，同时指示虢生，命令举行对颂的册命。

根据颂鼎铭文，史官事先制作的命书，由史官之长尹氏交给王，王象征性地看一遍后，再交给史官虢生，同时命令虢生把命书读给颂听。另外，这里所说的史（史官），与其说是后世所说的历史记录者，不如说是处理文字记录的书

---

① 颂鼎，《通释》137，《铭文选》434。

记官的官吏。①

ⅡA部分是记录着王言的命书内容。其基本格式为:"王曰:某(受命者的名字)啊,令(命)女(汝)任……"令(命)字后面记述的是任命的具体职务内容。不用说,这一部分构成了册命仪式的核心。不仅仅是单纯授予记有职务的册书(命书),只有通过宣读内容为王言的册书,才会发生效力。另外,很多金文以"王若曰"代替"王曰"。围绕"王若曰"的含义有很多讨论,这里理解为"王如是说",是史官宣读命书时表达间接转述的用语。②

ⅡB部分列举册命仪式上王授予受命者的赏赐品的名称。这些赏赐品不仅仅是纪念品或表示周王恩惠的物品。从很多赏赐品清单的最后都写着"用事(用来服事)"可知,赏赐品中许多是在履行职务时必须用到的仪式用品。

册命金文中,不记载具体的职务内容,只逐条记录赏赐品名称的例子也不少。这种场合,也将王赐予各种物品写作"命"。从周王那儿获得赏赐品,就意味着承认了职务的世袭,所以才把从王那儿得到赏赐品也称作"命"。王

---

① 参见小南一郎《史の形成とその機能》,《東方学》98辑,1999年。
② 陈梦家:《王若曰考》,《尚书通论(增订本)》,中华书局,1985年。

授予赏赐品的仪节,并不是单纯表示君主恩惠的附带环节,而是册命仪式中不可欠缺的要素。

师克盨铭文中就有这种赏赐品清单,其内容如下:[①]

> 易女秬鬯一卣,赤市五黄,赤舄牙茶,驹车䡔较,朱虢䪗靳,虎冟熏里,画轉画輻,金甬朱旂,马四匹,攸勒,素戉。敬夙夕,勿废朕令。

【白话译文】

赐给你秬鬯一卣(一樽香酒),赤市五黄(赤色刺绣围裙和黑色佩玉),赤舄牙茶(赤色鞋和象牙笏),驹车䡔较,朱虢䪗靳,虎冟熏里,画轉画輻(带装饰的马车,车辕涂成红色,系上马缰,车盖上面画虎,车盖的衬里是浅红色,车衡和伏兔上也有装饰),金甬朱旂(带金铃的红旗),马四匹,攸勒(马面),素戉(白钺)。

谨慎努力工作,不要荒废了我的"命"。

关于这里列举的赏赐品具体对应哪些物品有各种各样的说法,上面列出的物品名只是大致翻译。大体来说,册命礼仪场合的赏赐品,主要以郁鬯、秬鬯等祭祀用的香酒、赤

---

① 师克盨,《文物》1962年第6期,《通释》172,《铭文选》307。

市等礼仪用的服饰品、驹车等车马具和旗帜，以及素钺、彤弓、彤矢等武器为中心构成。如果再做粗略分类的话，赏赐品可以分为祭祀用的礼仪用品和车马、兵器等军事用品两大类。

如上所述，这些赏赐品不仅是表示来自王恩惠的物品，还是通过册命礼仪给予受命者职务权限的象征物。亦即，赐予仪式祭祀用品，是许可受命者可以自主举行使用它们的宗教仪式；赐予军事用品，是允许受命者可以根据自己的判断，在其领地内开展军事行动。《礼记·王制》篇有一段话："诸侯赐弓矢，然后征。赐铁钺，然后杀［诸侯只有被授予弓矢才能远征，只有被授予铁（斧）钺才能执行死刑］"，也保留了赏赐品具有象征意义的古老观念。

顺便说一下，西周康王时期制作的大盂鼎铭文中，关于赐给受命者盂的旂（旗杆顶端有铃的旗），可以看到下面的记载。另外，这个大盂鼎是在册命仪式盛行以前制作的，无论是内容还是行文风格，都与定型后的册命金文有一些差异。①

---

① 大盂鼎，《通释》61，《铭文选》62。

王曰:"于,令女盂井乃嗣祖南公……易乃祖南宫旂,用兽……"盂用对王休,用作祖南公宝鼎。

【白话译文】

王说:"啊,命令你盂,以你的祖先南公的事迹为楷模,担任职务……授予你祖先南公的旂。树起这面旗帜,进行狩猎(军事演习)……"

为了报答王赐予的恩惠,盂造了祭祀祖先南公的鼎。

据铭文记载,盂的祖先南公过去对周王朝有功,南公用过的旗帜被周王朝保管了。周王命盂说,你要以南公为楷模,尽忠效诚,并把保管的南公旂赐给盂。为了颂扬从王那儿得到的恩惠,盂制作了祭祀南公的青铜器。

从王那儿得到的赏赐品,除了象征受命者的职务权限外,正如南公旂的授受所反映的那样,也是象征臣下忠诚的物品。受命者的祖先把象征其忠诚的物品奉献给周王,周王在任命其子孙职务时,又将该物品赐还。以这些物品为媒介,王的恩惠和臣下的忠诚跨越世代继承下来。而且,这个大盂鼎本身也是作为祭祀南公的礼器制作的。通过这样的物品传授,周王(大盂鼎的话,推测应是周康王)表明了对盂继承祖先忠诚的期待,盂作为回应向周王做出了保证。大盂鼎铭文的内容具体地反映出,周王朝通过介入各个家族的祖先祭祀,将祖先笼络到王朝一方,以确保臣下的忠诚。

ⅡC部分记载了受命者听到命辞后采取的仪式性行动。颂鼎铭文记述了这一阶段的仪节:

> 颂拜稽首受令册,佩以出,反入瑾章。
> 【白话译文】
> 受命者颂行拜稽首礼,接受命册(写有命的册书)后,把它佩戴在腰上退出,再回来,向王交纳瑾璋。

与善夫山鼎的内容几乎没有变化。郭沫若推测,在周代,接受了王册命的臣下,之后有一个向王交纳玉制品的仪式。贡奉玉制品,应当是将臣下的忠心象征性地附在玉上献给王的仪式。《尚书·舜典》篇记载,舜帝即位时,"辑五瑞……班瑞于群后(从诸侯们那儿收集与位相对应的五种玉制品……仪式最后,再将五种玉制品返还给诸侯们)",由此可窥之,当时似存在这样的礼仪,即诸侯们朝见天子时,要向天子纳玉,在一系列仪式结束后,天子再将玉返还给诸侯们的仪式。通过这种仪式,再度确认和巩固了天子和臣下的关系。

IIIA部分记载，受命者为了颂扬通过册命仪式从王那儿得到的巨大恩惠，制作了祭祀祖先用的礼器。这个礼器就是刻有这些铭文的青铜器。这部分在很多册命金文中是以"某（受命者的名字）拜稽首，敢对扬天子丕显卢休（命），用乍某某（祖先的名字）宝噂彝"的固定句式书写的。这种表达中，特别值得注意的是，在前面部分都称作"王"的周王，在这部分几乎无一例外地都写作"天子"。周王以"天子"的资格，在授予臣下们命的同时，还授予官职，赐予与其权限相关的赏赐品。这就是周王作为天子的"休（恩惠）"。

有学者指出，在西周前半期的金文中，授予恩赐品的周王还被称作"王"，但到了西周中期后半期，册命金文定型以后，开始强调周王为"天子"了。[①] 推测在西周政权内部，册命仪式定型化的同时，也凝练出若干基本的统治理念，天子的观念也应是在这个时期开始变成带有强烈政治性的理念之一。更确切地说，到了西周中期，支撑政治体

---

① 参见田中柚美子《王と天子——周王朝と四方（1）》，《中国古代史研究》第六，1989年，研文出版。

制的理念发生了细微变化，它们在理论上得以完善。在这样的变化中，册命仪式也被定型，天子这个观念也开始具有特别意义。

另外，在这一部分的最后通常都写着"用乍某某（祖先的名字）宝障彝"，制作某宝障彝的意思是说，铸造祭祀祖先神某时用于提供饮食物品的青铜容器。例如，仲枏父鬲铭文中是这样说的：[①]

> 隹六月初吉，师汤父有司中枏父乍宝鬲。用敢飨孝皇祖考，用祈眉寿。其万年子子孙孙其永宝用。

【白话译文】

> 六月初吉，师汤父的部下仲枏父制作了宝鬲。用这个请孝皇祖考（先祖们）饮食，就此祈祷长寿。
>
> 仲枏父啊，愿你直到万年，子子孙孙都将这件青铜器永远作为宝器使用下去。

铭文中记载，用这个新做的鬲"飨孝"祖先神，其他金文中还能看到"享"祖先神或者"孝"祖先神的说法。也就是说，这类青铜器是为了给祖先神们提供食物的祭器。上

---

① 仲枏父鬲，《考古与文物》1990年第5期，《铭文选》218。

一章已经详述，在给祖先神供奉食物的同时，子孙们也会食用这些食物，在这种场合，祖先神将天上的福、禄传授给了子孙们。

另外，铭文中的"孝"字，在金文中专门用作动词，其意思与"飨""享"等动词没有太大区别。也就是说，"孝"这个字原本是指供奉祖先神以饮食。但若从"孝"字与"老""考"等字有共同的构字部件来看，后世"孝"字被专门用于"孝顺"（孝行）的意思，其基础含义或许已经包含在这个时代的用语中了。[①]

Ⅲ B 部分中，像善夫山鼎那样只记载祝词的核心部分，简洁地写作"子=孙=永宝用"的例子反而鲜见，一般都写作"某（受命者之名）其……"。试举几例：

> 克其万年，子=孙=永宝用。（师克盨）

【白话译文】

> 克啊，直到万年，子子孙孙永远作为宝物使用下去吧。

---

① 关于孝的观念，参见池泽优《「孝」思想的宗教学的研究》，东大出版会，2002年。

瘨其万年，孙＝子＝其永宝用享于宗室。（师瘨簋）

【白话译文】

瘨啊，直到万年，孙孙子子都要永远把它作为宝物，用来享祀宗室啊。

此万年无疆俊臣天子霝冬，子＝孙＝永宝用。（此鼎）

【白话译文】

此啊，万年无疆，做天子的俊臣，有美好的结局，子子孙孙永远用作宝物啊。

这种"某（受命者的名字）其……"的句式，虽然也有用"余"字代替受命者名字的例子（例如录伯䂳簋），但从中国古代"其"字的一般用法来看，应该是"希望受命者啊……做某事"的祝辞句式。在这种场合，是别人对受命者说的祝福的话。贝冢茂树教授推测，在庆祝青铜器完工的祭仪上，与会者要一起对受命者说祝福的话。[①] 也可能是周王或受命者的上司给受命者的贺词。不管怎么说，在册命的各种活动中，仪式现场口头说的话很有分量。"命"的

---

① 贝冢茂树：《西周金文末尾の吉語について》，《贝冢茂树著作集》第2卷，中央公论社。

内容也只有作为周王之言发布才有效力，祝词也应当是参会者大声合唱出来的吧。即使是授受写有仪式核心内容的册书，与后世所谓沉默的文书传递行政相比，其现场的特质也有很大不同。

举一个西周中期默叔鼎铭的例子，它详细记载了这部分祝辞：①

佳［王］正月初吉乙丑，默叔信姬乍宝鼎。其用享于文祖考。默叔眾信姬其易寿考多宗永令。默叔信姬其万年子孙永宝。

【白话译文】

王正月，初吉乙丑日，默叔和信姬制作的宝鼎完成。用这个鼎来祭祀光辉的祖先们。

默叔和信姬啊，愿你长寿，宗（族亲）兴旺，永远保持命。

默叔和信姬啊，愿你直至万年，子孙们都把这个鼎当作宝物。

制作这个鼎的默叔、信姬应当是一对夫妻。这篇铭文的最

---

① 默叔鼎，《文物》1976年第1期，《通释》补7，《铭文选》372。

后两段，与其看成是两个人发出的祈祷辞，不如看成是其他人对两人的祝愿词更容易理解。顺便说一下，在这个祝辞中，"寿考（长寿）"和"永令（永命）"之间夹着"多宗"，是分开写的，可知"寿考"和"永命"的语义存在区别。如果寿考的意思是指个人长寿，那么"命"的意思就不仅仅表示生命。推测这是在祈祷一个家族直到子子孙孙都不失去职务任命基础的"命"，将"命"永远世袭下去，直至后代。

另外，册命仪式上王授予受命者的"命书"被受命者带回家（领地），保管在其家庙，同时制作带铭文的青铜祭器，铭文则以命书记载的王言（命）为核心。《礼记·祭统》篇中有如下记载：

> 古者明君爵有德而禄有功，必赐爵禄于大庙，示不敢专也。故祭之日，一献，君降立于阼阶之南，南乡。所命北面。史由君右，执策命之。再拜稽首，受书以归，而舍奠于其庙。

【白话译文】

过去，明君给有德者授予爵位，给有功者赐予俸禄的时候，必须在大庙赐予爵位和俸禄，是为了表示不是专断地做这些事[而是承祖先神的意思做的]。因此，在祭祀的那天，举行"一献"的饮酒仪式后，君主站在阼阶的南侧，面向南。受命者面朝北。史在君主右侧，一边手持策书（册书），一边颁发命。受命者，行再拜稽首礼，接受策书，回家后，在庙里举行释奠的仪式。

虽然《祭统》篇记载的君主站在阼阶南面举行授命仪式等内容，与西周时期册命仪式的实际情况稍有出入，但也确实保留了许多有关这一仪式的原始记载。即使在周代，受命者也会将所赐的册书带回家，在庙里举行释奠等仪式后，策书也会保存在庙里。

2 职位继承理论

如上所述，册命仪式是为世袭官职举行的仪式，即将基本部分相同的册命，对一个臣下之家，跨越世代反复授予。具体反映这一点的有师酉簋和询簋的例子。

师酉簋铭文的主要内容如下：

王乎史墙册令师酉。嗣乃祖嫡官邑人、虎臣、西门尸、㠱尸、秦尸、京尸、畀身尸，新易女赤市，朱黄……用乍朕文考乙白、宫姬䵼簋。①

【白话译文】

王指示史墙举行对师酉的册命。

继承你的祖先，委任你管理邑人、西门夷、䜌夷、秦夷、京夷、畀身夷。

新赐予你赤色的围裙和［红黄色的］佩玉。

为纪念此事，制作了祭祀我父君乙伯和宫姬用的青铜礼器。

询簋的册命内容和师酉簋大致相同：

王若曰："询，不显文武受令，则乃祖奠周邦。今余令女嫡官嗣邑人、先虎臣、后庸、西门尸、秦尸、京尸、䜌尸、师苓、侧新、囗华尸、申囗尸、匶人、成周走亚、戍秦人、降人、服尸。易女玄衣黹屯……"……用乍文祖乙白、同姬䵼簋。②

【白话译文】

王如是说："询啊，光辉的文王、武王接受天命时，你的祖先奠定了周的邦基。现在我委任你管理邑人、先

---

① 师酉簋，《大系》图76–78，注释173，《铭文选》192。
② 询簋，《文物》1962年第2期，《铭文选》220。

虎臣、后庸、西门夷、秦夷、京夷、橐夷、师苓、侧新、□华夷、申□夷、厬人、成周走亚、戍秦人、降人、服夷。赐予你镶花边的玄衣……"

为纪念此事，[询]制作了祭祀祖父乙伯和同姬用的青铜祭器。

由此可知，两篇册命金文中，构成周王授"命"核心的、受命者受命管理的多个族群集团，虽然数量有增减，但基本上是相同的集团。另外，对比两个铭文的最后部分，师酉簋说"用乍朕文考乙白、宫姬蹲簋"，询簋则说"用乍文祖乙白、同姬蹲簋"，虽然"宫姬"和"同姬"的写法并不完全一样，但两篇铭文说的乙伯、宫（同）姬应是相同的两个人（应为夫妻）。乙伯在师酉簋中称"考"，在询簋中称"祖"。也就是说，这两件青铜器是由同一个家族制造的，师酉簋的制作比询簋至少早一代。

如果是这样的话，那么，这两篇铭文应当是授予同一家族中两代人的两个册命文书，两个文书的主要部分大体一致，暗示两次册命仪式中的册书内容也类似。顺便说一下，虽说是世袭，但并不是子孙原样就任祖先的职务，而是职务的基本部分（职位）在一个家族内继承。册命金文中有不提及职位,只记载其具体职务的情况,这是因为职位世袭是不言而喻的,所以才只列举其具体的职务。

这里稍微发挥一下想象,记录过去册命内容的大批文书应当由周王下面的史官机构保管。在举行新的册命仪式时,史官们从文书库中找出授予受命者祖先的册书副本,以此为基础,制作新的册命文书。推测在册命制度完备的西周中期后半段,在王朝内部已经有了这样的文书库和史官(书记)制度。

上文对记录册命仪式的金文内容及其背后的制度进行了简要考察,下面将详细分析这种制度是由什么观念支撑的。针对前文所示册命金文内容分类的ⅡA部分,探讨官职世袭的理由是什么。

所谓册命,是为了公布周王承认在一个家族中的祖先—子孙间原样继承一个职位而举行的仪式。在反映这一基本性质的册命金文中,使用了各种表继承意味的动词。其中,最容易理解的是"更"字。下举几个例子。

> 王令毛白:"更虢成公服,䠇王立,乍四方极。"(班簋)

【白话译文】

周王命令毛伯说:"更虢成公的服,辅佐王位,努力成为四方的栋梁。"

王曰:"服余,令女更乃且考事,足备中,嗣六师服。"(吕服余盘)

【白话译文】

周王说:"服余啊,命你更你的祖考,辅佐备中,管理六师(首都防卫军团)的服。"

在这些例子中,以"更……服""更……事"等句式,命令直接原样继承其祖先(祖考)所担任的职务。"更"可训为"代替",也可训为"继续",指在更换主体的同时,同样性质的情况也会一直继续下去。此外,正如《春秋左氏传》昭公十二年所见"服事君王","服"和"事"的意思都是在君主下面担任职务。

"更"字大概是指继承祖先的职务,但在指职务继承背后的"命"的继承时,却多用"䚃"字。例如,下面是省略了前后文的师𩫖簋铭文,内容比较简单:

王乎内史吴册令师瘨曰:"先王既令女,今余唯繡先王令,令女官䚦邑人师氏。易女金勒。"①

【白话译文】

王命内史吴册命师瘨。

王说:"先王已经授予你命。现在我继承先王的命,命你官䚦邑人、师氏。赐予你青铜制的攸勒(马面)。"

周王提到让师瘨继承职务的理由是,先王已经将"命"授予了你师瘨(这里指包括受命者祖先在内的师瘨家族的意思)。现在,我(周王)"唯繡"先王的命,命令你官䚦邑人和师氏。这里使用的"唯繡"一词,肯定是原样继承[先王授予的命]的意思。

师瘨簋中,"繡"字是单独使用的,但也有像"繡橐""繡圖"这样与其他字组合使用的情况。虽然很难把握这些词含义上的差异,但无疑都是指职务世袭背后的命的继承。再举几个例子。

今余隹肇繡先王令。(善鼎)

---

① 师瘨簋,《文物》1967年第7期,《通释》120,《铭文选》238。

【白话译文】

现在我想肇𧶂先王授予你家的命。

今余佳𧶂橐乃令。(师询簋)

【白话译文】

我现在想𧶂橐你家保持的命。

在上面两个例子中,有趣的是,周王一方面说"𧶂先王的命",另一方面说"𧶂你的命"。这里"𧶂"的是先王授予受命者祖先的命,更抽象地说,"𧶂"的是先王与臣下的祖先之间建立的关系。

"𧶂"字,容庚《金文编》读作"緟"。"緟"字现在作"重","重"有"沉重"和"重叠"两种含义,"緟"是表"重叠"义的"重"字的本字。关于是否可以将"𧶂"读为"緟",或许有必要进一步详细确认,但"𧶂"义的大致方向确实是原样再现、原样继承的意思。"𧶂"的字体构成也表明了这一点。

亦即,如果将"𧶂"字拆开,推测其右半边表音,这个字是用类似"东"或"重"的音来读。与此相对,这个字的左半部分表义。左半部分表现的是手向手传递丝线的样子。中间为"糸",糸上面有"爪",下面有"又(右手)",是传递丝线的象形。以丝线的传授、继承的行为为基础,将其意义泛化后,就在继承某事、保持原本样子的意义上使用这个字了。顺便说一下,"受"这个字本身,也是上部为"爪",下部为"又",是接过来东西样子的象形字。所接受物体的形状像"舟","舟"可能表"受"字的发音(图19)。

作为具有相同构成要素的字,册命金文中也有以"官嗣""嫡官嗣"等词汇形式广泛使用的"嗣"字。前文已述,这个字可能通现在的"司"字。不过,其意义内涵并不仅仅是作为职务进行管理的意思,从字的结构来看,推测可能是指将祖先的官职原封不动继承下来担任职务的意思。在官职基本是世袭的时代,"嗣"字就是综合表现担任职务观念的字。

"䌛"字和"䌛"字左边表义的"糸"字,是描绘卷起来的丝线样子的象形字,丝线的授受与这些字的基本意义内涵有关。这种丝线的传授之所以意味着继承,其基础应当来源于古代中国的民俗传承。据推测,有关丝线的民俗与祖灵附身有关,与祖灵信仰有密切关系,但遗憾的是,

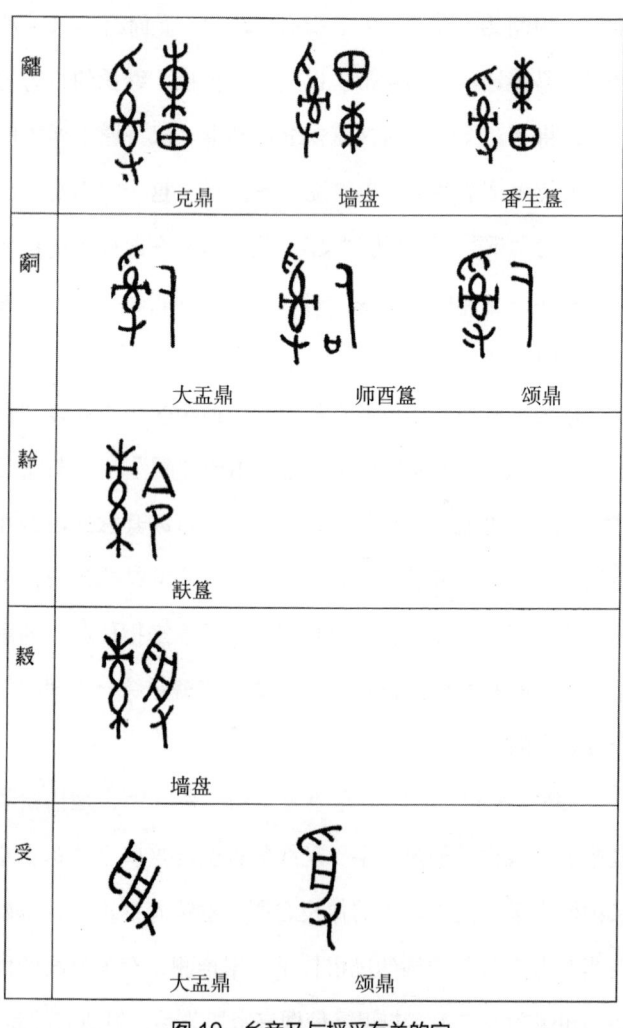

糳	克鼎	墙盘	番生簋
卿	大盂鼎	师酉簋	颂鼎
龢	獃簋		
縠	墙盘		
受	大盂鼎	颂鼎	

图 19：糸旁及与授受有关的字

164

要讨论这种宗教传承具体内容的基础资料还不充分。不过，从糸旁的字中包含有"继""续"等表"继续"意思的具有代表性的字，"孙"字从子从糸的结构可能也与此有关。至少可以确定，中国古时人想要将"继续"的观念进行文字化表达时，首先会联想到卷起来的丝线。特别是，"继"字被写成了五个丝字组合在一起的样子。①

就像"䌈"这个字是指将过去的命原封不动地延续到现在一样，"井（型）"字的意思也是将以前的命原封不动再现到现在。下面列举的师虎簋铭文就是其中一个典型例子。主持册命师虎仪式的史官，和前文所示师㝨簋一样，都是内史吴。

> 王乎内史吴曰："册令虎。"王若曰："虎，载先王既令乃祖考事，嫡官䢔左右戏緐荆。今余佳帅井先王令，令女更乃祖考嫡官䢔左右戏緐荆。敬夙夜，勿废朕令。易女赤舄，用事。"②

---

① 关于职务继承、糸与民俗的关系，Kominami Ichiro曾做过一些讨论。Kominami Ichiro, *The ruling system of West Zhou and the Idea of Ming*（命）, *Zinbun 45*, 2005.
② 师虎簋，上海博物馆藏，《通释》104，《铭文选》240。

【白话译文】

王指示内史吴对师虎进行册命。

王说:"师虎啊,从前先王授命给你的祖考担任职事,让他管理左右的戏繇荆。现在我遵从先王之命,命你继承你的祖考,委任你管理左右的戏繇荆。你要谨慎任职,不要荒废了我的'命'。赐予你赤色鞋子。穿着它去履行职务吧。"

在这篇师虎簋中,周王说:"先王以前授命给你的祖考,让他们'嫡官司'左右戏繇荆,现在我自己'帅井(型)'先王之命,命你继承你的祖考,'嫡官司'左右戏繇荆。"虽然不太清楚"戏繇荆"这个职务的具体职掌,但"帅型"这个动词,无疑是指以此前的授命为原型,将它原封不动复原到现在的意思。

师虎簋说周王"帅型"先王之命,师虤鼎则要求臣下一方"井(型)"其祖考,勤于职守。

王曰:"师虤……井乃圣祖考邻明,黹辟前王,事余一人。"

【白话译文】

王说:"师龢啊,你聪明的祖考运用他们的英明智慧,竭力尊前王为君主,你要以他们为楷模侍奉我。"

周王命令师龢说,你的先祖们努力侍奉周先王,你要以他们为榜样,效忠于我。"龢"字是抽象地说命的继承,"井(型)"这个字则包含了更具体的行动,指对过去的继承、再现。

3 "始原之时"的文武受命

如上所述,支撑册命仪式的是反复和继承的原理。正如师虎簋铭文所见,册命仪式是通过"载"(载昔)与"今"的时间对比,想将过去再现于今天的仪式,这是一种带有强烈意志的制度,即想通过这一仪式,将过去的体制和情况原样延续到现在甚至未来的制度。

假如不存在确定其基本原型的"始原"之时的神话时刻,这种不以时代变化和发展为原理的继承理论就不能成立。这是因为一切都在始原的时候就被决定了,它作为金科玉律般的原型被继承到现在,而且,还必将永远保持下去。那么，册命仪式背后的始原之时，究竟是什么时候呢？

师克盨有如下铭文：

王若曰："师克，不显文武，膺受大令，匍有四方，则繇隹乃先祖考，又爵于周邦，干害王身，乍爪牙。"王曰："克，余隹径乃祖考，克鼒臣先王。昔余既令女，今余隹䣛熹乃令，令女更乃祖考䰯䎽左右虎臣。易女秬鬯一卣……"①

【白话译文】

王如是说："师克啊，光辉的文王、武王身受大命（天命），将四方之国都纳入统治之下时，你的先祖对周邦有功绩，保护了周王的安全，成为他的爪牙。"

王说："克啊，我常常想起你的先祖作臣下尽心服侍先王的事儿。从前，我（我们周王朝）授命给你（你的家）。现在，我要让你原封不动继承你的命（赐给你家的命），授命于你，继承你父祖的职务，委任管理左右虎臣们。赐予你秬鬯一卣……"

---

① 师克盨，《文物》1962年第6期，《通释》172，《铭文选》307。

这篇师克盨铭文说，在文王、武王接受大令（天命），征服四方之国，创建周王朝时，克的祖先们对周邦有功绩。因此先王赐命给克的祖先。现在周王也继承了天命，命令克继承其祖先的职务。也就是说，现在周王和克的关系是以先王与克的祖先（先臣）的关系为原型的，这个原型是由文王、武王在周王朝开国之际就确定下来了。通过册命仪式复原的始原之时，就是周王朝建国之时。

顺带一提，周王说的"余"是包括周的先王在内的"我们"的意思，说的"乃"也是包括克的祖先在内的"你们"的意思。现在的周王与其臣下的关系，在周王的王系与臣下的家之间建立的、复数的我们（余）与复数的你们（汝、乃）的关系中，只是极薄的一层而已。铭文中不写现在周王个人的名字也从本质上表明，册命仪式的根本原理在于永远持续反复，时间被忽略，历史性的个人存在也没有太大意义。

再举一篇记述同样内容的金文。师询簋铭文如下：

> 王若曰："师询，不显文武，膺受大令，亦则殷民。乃圣祖考克左右先王，乍厥爪牙，用夹绍厥辟奠大令，

励龢于政。肆皇帝亡厌,临保我有周于四方,民亡不康静……今余佳䌛(繛)乃令,令女惠邕我邦小大猷。"[①]

【白话译文】

王如是说:"师询啊,光辉的文王、武王身受大命,为殷民们指明了正确的道路。当时,你聪明的祖先们给了先王许多帮助,作先王的爪牙,充当君主将天命广施大地的先导,勤勉于政。结果让天帝也感到满意,帮助我邦统一了四方之国,人民也都安定下来。现在,我延续你的命,命令你参与我邦的大小计划……"

师询簋原件很早就亡佚了,只有铭文的抄本传下来。抄本的文字有不少有疑问的地方,但从其内容与前文所引师克盨等铭文多有重合来看,其全系伪造的可能性应当很小。

这篇师询簋铭文也强调,师询家与周先王的紧密关系是在文王、武王灭殷时建立的,特别是在落实周王所受天命方面,有师询祖先的功劳。可以推测,周王与其臣下以"命"为媒介建立的关系,和文王、武王所受"天命"密切相关。

敔簋铭文中可以看到这样的观念,即周王与其臣下之间的"命"是在双方努力之下,不断重生、继承下来的,

---

① 师询簋,《通释》183,《铭文选》245。

而这并不止限于地上的关系，天命在天上，也是通过天上祖先神们的帮助才被继承下来。该铭文是这样说（图20）：

> 其格前文人，其频在帝廷陟降，䜌圈皇帝大鲁令，用黼保我家朕立㝬身。[①]
>
> 【白话译文】
>
> 功勋卓著的光辉的祖先神们，升到天上，在天帝的官廷里参与谋划，继承了光辉天帝的大命，就这样守卫着我周王室、我的王位、我的身体。

㝬簋制作者的名字"㝬"，一般认为与周厉王的名字"胡"相通。也就是说，这件青铜器是西周后半期的厉王制作的。铭文中说，厉王的祖先们在天上继承了"皇帝大鲁令"。所谓"大鲁令"，无疑指天命。为了让周王室所受天命存续下去，在天上祖先神们的帮助下，在天上也能继承天命是必不可少的。周王朝祭天的性质，与其说是直接祭祀天帝，不如说是为了请求天上祖先神们的帮助，以他们为媒介对天帝产生影响的祭祀。

---

① 㝬簋，《铭文选》404。

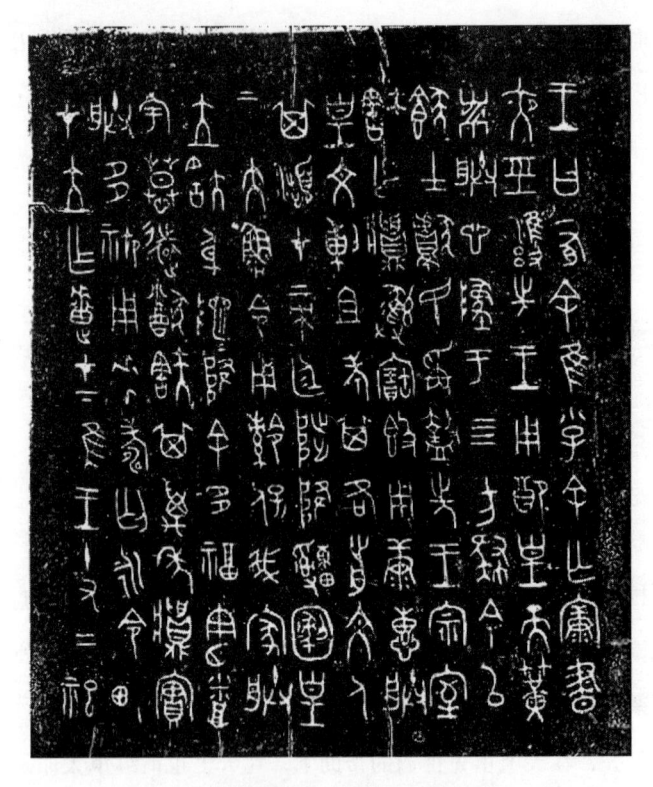

图20：燅簋铭文　器形见插页图一

4 "命"的君臣结构

像这样，以周初文王、武王受天命"神话"为基础建立的君臣关系为原型，在时间中横向反复、继承后的结果是，现在的周王和臣下之间也进行"命"的授受。另一方面，可以推测，在统治体制的上下关系，亦即阶层的纵向关系中，也进行着"命"的反复、继承。

截至目前看到的册命金文，记录的都是周王与其直接臣下之间举行的册命仪式。这是因为当时拥有制作青铜器能力的人只限于周王以及他周围有实力的人，所以册命的记录只局限于这个阶层的人，反而是自然的现象。但是，即使没有同样的资料，却不能说在较低的身份阶层中不存在君臣关系性质的命的授受。虽然数量不多，但也留存下来一些记载周王的臣下册命他自己臣下（对周王来说是陪臣）的金文。

例如下面的卯簋铭文：

> 隹王十又一月既生霸丁亥，荣季入右卯，立中廷。荣伯乎令卯曰："载乃先祖考死嗣荣公室，昔乃（余）祖亦既令乃父死嗣莽人，不淑取我家栋用丧。今余非敢梦（忘）先公又劝遂，余懋称先公官。今余隹令女死嗣莽官莽人。女毋敢不善……"①

---

① 卯簋，《铭文选》244。

【白话译文】

王十一月,既生霸(满月之前)的丁亥日,荣季进门作卯的辅佐,站在廷的中央。

荣伯授命于卯,说:"从前,你的先祖很好地侍奉我荣公家,以前我的祖公授命给你的父亲,让他去管理莽民,出色地扶持我家不倾坠。现在,我不会忘记先公对你父祖的高度评价,想厚待先公底下的人,在这里,我授予你命,想让你管理莽官中的莽人。你要尽最大努力。"

这里,给名叫卯的人授命的是西周后半期的实力氏族之一荣氏之长的荣伯。也就是说,受命者卯是荣氏的臣下,对周王来说就是陪臣。通过和周王册命臣下相同的仪式,荣伯授命给卯。这个场合,无论是仪式的程序,还是在仪式上说的话,都和周王册命臣下的场合基本上没有变化。顺便说一下,这个场合的"右者"是由大概也是荣氏家族成员的荣季担任的。从这个仪式也可以确定,右者的作用是从授命一方的角度,引导受命者。

再举一个同样的例子,逆钟铭文如下:

佳王元年三月既生霸庚申,叔氏才大庙。叔氏令史盠召逆。叔氏若曰:"逆,乃祖考许政于公室。今余易女甲五锡……毋又不闻智,敬乃夙夜,用锊朕身。勿废朕命,毋坠乃政。"①

【白话译文】

王元年三月,既生霸的庚申日,叔氏在大庙。叔氏命令史盠迎接逆进来。

叔氏如是说:"逆啊,你的父祖为我家家政尽心尽力。现在我赐给你五甲……你要时常运用智慧,谨慎工作,守护在我身边。不要辜负我的命。不要荒废你的职务。"

这也是在叔氏家内部举行的"命"的赐予,说希望负责叔氏家政的名叫逆的人,能和他祖先一样工作,授予了他命。这个仪式由史盠主持,这个"史"是叔父家的书记官。

周王的陪臣还会再向自己的臣下传授命,但很难找到明确反映这一情况的金文资料。但可以推测,作为当时的理念,周的统治机构是由贯穿社会上下的"命"的金字塔支撑的(图21)。

---

① 逆钟,《考古与文物》1981年第1期,《铭文选》274。

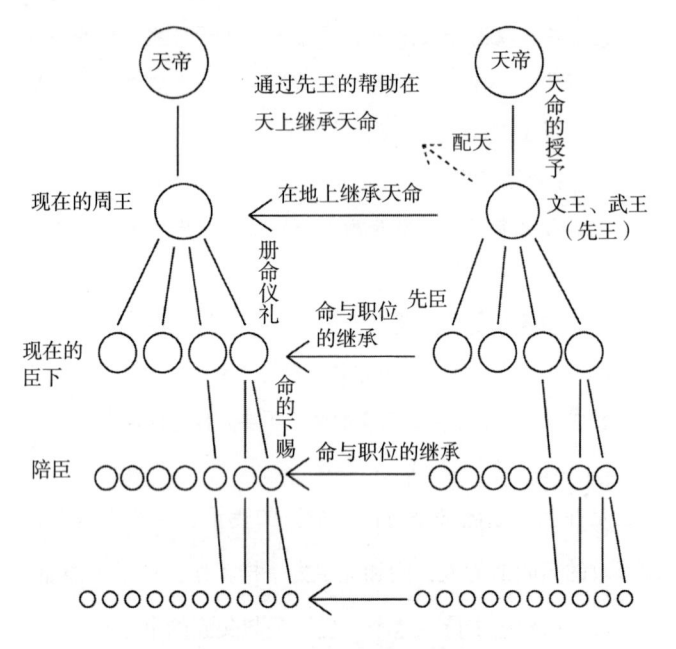

图21：命的金字塔及其继承

超越时间在同一个家族中横向传递的命，是按原型原样反复、继承的，但是，统治体制中自上而下传递的命，却是越往下，被赋予的权限范围就越小。周王接受天帝之命，承接了统治整个天下的权力，但当周王授命实力氏族为诸侯，委任他们统治各自的领域时，整个天下的统治权限就被分割为各自领国的统治权，限定范围授予他们。当诸侯进一步将各地采邑的统治交给其臣下时，其权限被分割得更小。

应该注意的是，这种权限的分割传授也意味着权限的转让，既然转让了权限，即便是上层，也不能直接干预权限拥有者的具体行为。当然，和天帝革天命（革命）一样，周王仍然保留了拒绝承认臣下继续命这一最终手段。这样，支撑西周社会的命的金字塔就形成了分层结构，直接统治只及于自己授命的臣下。周王统治所及只到直属自己的臣下为止，对陪臣，周王也没有任何权限。

这种分层传递"命"的特质，在西周后期的军事"命"中得到典型体现。例如，禹鼎有如下内容：[①]

> 禹曰：不显桓＝皇祖穆公，克挟召先王，莫四方。肆武公亦弗遐望朕圣祖考幽大叔懿叔，命禹肖朕圣祖考政于井邦。肆禹亦弗敢惷赐圣朕辟之命。乌乎哀哉，用天降大丧于下国。亦唯鄂侯驭方，率南淮夷东夷，广伐南国东国，至于历内。王廼命西六师殷八师曰："戮伐鄂侯驭方，勿遗寿幼。"肆师弥怵币恒，弗克伐鄂。肆

---

① 禹鼎，《铭文选》407。

武公廼遣禹率公戎车百乘、斯驭二百、徒千，曰："于将朕肃慕，惠西六师、殷八师，伐鄂侯驭方，勿遗寿幼。"于禹以武公徒驭至于鄂，敦伐鄂，休获厥君驭方。

【白话译文】

禹如是说：光辉的我祖穆公，辅佐先王，安定四方。因此，武公经常关注聪明的我祖考幽大叔和懿叔，我禹也被命令效仿祖考治理邢邦。所以，我禹绝不懈怠，谨慎地施行我君主的命。

啊，可悲的是，天把丧乱降到地上。鄂侯驭方率领南淮夷和东夷，攻打南国和东国，将军队推进到历内。

周王于是命西六师（驻扎在宗周的六个军团）和殷八师（驻扎在成周的八个军团）说："讨伐鄂侯驭方，包括老人孩子一个不留，全部诛杀。"但军团退缩了，没能讨伐鄂侯。

于是，武公命令我禹率领武公的兵车百辆及其御者二百、兵卒一千人出征，说："按照我的计谋，指挥西六师和殷八师，讨伐驭方，包括老人孩子一个不留，全部诛杀。"

就这样，我禹率领武公的兵卒和御者来到鄂，对鄂发起总攻击，幸运地俘虏了鄂的君主驭方……

根据禹鼎铭文，周王朝的常备军西六师和殷八师战斗失

利后，武公受命接替迎战，他命令部下禹率军出击。当时，武公把周王所下命令的原话"敤伐鄂侯驭方，勿遗寿幼（讨伐鄂侯驭方，包括老人孩子一个不留，全部诛杀）"原封不动地传达给禹，命令禹"伐鄂侯驭方，勿遗寿幼"。和册命语言在水平时间中是被原样继承一样，在以命的观念为背景的上下级身份关系中，上级命令也被原样传达给下级，职责和命令也一起全部转交出去。这样的阶层结构，在军事命令中表现得最为典型。由此可窥见，和册命仪式一样，君向臣发出的命令，只要原样重复上一级君臣关系中发出的命令，就具备效力。

再举一个记载军事命令的金文吧。下面的多友鼎铭文也与武公有关：[1]

> 唯十月，用玁狁放兴，广伐京师，告追于王[2]。命武公："遣乃元士羞追于京师。"武公命多友："率公车，羞追于京师。"……多友廼献俘聝讯于公，武父廼献于王。

---

[1] 多友鼎，《人文杂志》1981年第4期，《铭文选》408。
[2] 译者按：作者原文遗漏"告追于王"句，此据《铭文选》补。后面白话译文亦遗漏。

廼曰武公曰："女既静京师，釐女，易女土田。"丁酉，武公才献宫，廼命向父召多友。廼徒于献宫。公亲曰多友曰："余肇吏女休，不逆又成事多禽，女静京师。易女圭瓒一、汤钟一肆……"

【白话译文】

十月，因狎狁攻打到京师，于是［周王］命武公："派你的主要部下，向京师进军进行追剿。"武公［于是］命多友："率领武公的兵车，向京师进军进行追剿。"……（下面记载的是具体的军事行动及其胜利，此处省略。）

多友向武公献上战斗获得的首级与俘虏。武公将它们献给了周王。周王于是命武公说："你安定了京师。嘉奖你的功绩，赐你土田。"

丁酉日，武公在献宫，指示向父召多友来。多友受召，来到献宫。

武公（不以史官为中介）亲自告诉多友："我以前命你建立伟大的功绩，你遵守我的命取得战功，获得很多俘虏，你镇定了京师。赐你圭瓒（斟酒的舀）一个、汤钟一组……"

在这篇多友鼎铭文中，为应对异民族狎狁侵攻到京师的军队，首先周王向武公发出派遣武公麾下元士镇守京师的命令。接到周王下达的"羞追于京师"的命令后,武公把战斗马车借给他的一位元士多友,同时也下达了"羞追于京师"的命令。

多友完成任务,把在这场战斗中获得的俘虏和敌人的首级献给武公时,情形也一样。多友向武公献上俘虏等,武公以自己的名义把这些献给周王。与此相对,周王嘉奖武公说"汝既静京师",赏赐给他土田。武公接受奖赏后,于是在武公家的宗庙献宫举行了对多友的赏赐仪式。仪式上,武公用周王嘉奖自己的话"汝既静京师"赞誉了多友。不过,赏赐品方面,武公得到的是土田,而多友得到的是酒器和乐器。因为没有写土田的大小,所以,虽然不能下确切的结论,但比较两者的价值就可知道,武公肯定在中间攫取了大部分利益。

另外,在武公家献宫举行的仪式上,向父担任的是"右者"之职,推测向父作为武公的代表,应该是到多友家(或待召场所)迎接他的。在周王的册命仪式上,大概"右者"也同样要到受命者的家中去迎接。

这些军事之命的传达和赏赐过程典型地反映出,这个时代的阶层制度是由多重的层级结构构成的身份制度。上级只能对自己的直属部下发号施令，对部下的属下不能直接发出指令。周王命武公，再由武公命多友。等级森严的分层结构，构成了这个时代的社会结构特征。《春秋左氏传》昭公七年下面这段话无疑也反映了这一点。

> 天有十日，人有十等。下所以事上，上所以共神也。故王臣公，公臣大夫，大夫臣士，士臣皂，皂臣舆，舆臣隶，隶臣僚，僚臣仆，仆臣台。马有圉，牛有牧。

【白话译文】

> 天上有十个太阳，人们有十个阶层。下级的职责是侍奉上级，上级的职责是侍奉神灵。王的属下有公，公的属下有大夫，大夫的属下有士，士的属下有皂，皂的属下有舆，舆的属下有隶，隶的属下有僚，僚的属下有仆，仆的属下有台。马也有饲养它的圉，牛有饲养它的牧。

不管《左传》说的这十个阶层是否存在，但这种分层的阶层观念却构成了当时社会，这种阶层观念是由"命"的理念加以理论化并支撑的。

附带说一下，《诗经》中保留了若干篇反映册命仪式的作品。下面列举的《大雅·韩奕》就是其中一个例子。

第四章　册命仪式

奕奕梁山，维禹甸之。
有倬其道，韩侯受命。
王亲命之：
缵戎祖考，无废朕命。
夙夜匪解，虔共尔位。

【白话译文】
高大的梁山，是禹修整的。
守护着广阔的禹道，韩侯被授予了命。
周王亲自命韩侯：
继承你祖考的职务，认真对待我的命。
夙夜不要懈怠，勤勉你的职位啊。

后半部分"缵戎祖考，无废朕命。夙夜匪解，虔共尔位"的诗句，无疑是以册命仪式上周王所说的话为基础创作的。此外，诗中还说，韩侯受命领有的土地是禹王从混沌状态中整理出来的。在册命仪式的背后，可能流传着受命者被授予的土地来自禹的起源神话。禹之九鼎的故事，就是以与土地赐予礼仪密切相关的神话观念为基础才得以发展起来。

5 "命"观念的理论化和礼仪化

以上讨论的册命仪式，正如开头所述，是从西周中期后半期开始突然盛行的礼仪活动。这个时期，西周王权实际上正在失去原有的力量。在这样的整体形势下，强调以周王为顶点的"命"的金字塔，既是周王方面危机感的表现，也是为王权正当性的理论化所做努力的反映。有必要搞清楚，周王通过举行册命仪式，在西周王朝的整个统治体制中所能掌握的范围到底有多大。推测西周后半期政治的实际情况是，很多部分已经从册命体制中脱离出去了。

的确，在这一时期被理论化的有关"命"的各种观念中，肯定会包含有在当时的政治形势背景下意欲强化周王统治权虚构体系的要素。但另一方面，实际上早在册命仪式完善之前，"命"的观念在西周统治体制中就已经很重要了。西周初年的令方彝铭文中有如下记载：

> 隹八月辰才甲申，王令周公子明保，尹三事四方，受卿事寮。丁亥，令矢告于周公宫，公令告同卿事寮。

佳十月月吉癸未，明公朝至于成周，出令，舍三事令，眾卿事寮眾诸尹眾里君眾百工眾诸侯侯田男，舍四方令。既咸令。甲申，明公用牲于京宫，乙酉，用牲于康宫。戌既，用牲于王。明公归自王。明公易亢师罍金小牛，曰用犧。易令罍金小牛，曰用犧。廼令曰："今余唯令女二人亢眾矢，爽左右乃寮，以乃友事。"作册令敢扬明公尹厥室，用作父丁宝障彝。敢追明公商于父丁，用光父丁。①

【白话译文】

八月甲申日，周王命周公的儿子明保总揽中央与四方行政，授予他卿事寮[作为处理行政事务的人员]。丁亥日，命矢将此事报告周公庙，明公（明保）命矢先去[成周洛阳]，召集卿事寮们。

十月的月吉（初吉）癸未日，明公清晨到达成周后，发布命令，宣布对三事的命，在卿事寮、诸尹、里君、百工和诸侯亦即侯、田、男面前，宣布对四方的命。就这样，所有的命都传达了。

甲申之日，明公在京宫（周王朝的远祖庙）奉献牺牲举行祭祀；乙酉之日，在康宫（周王朝的近祖庙）奉献牺牲举行祭祀，结束后，在王地奉献牺牲举行祭祀。

---

① 令方彝，《通释》25，《铭文选》95。

明公从王地返回成周后,明公赐给亢师郁鬯、铜和牛犊,说:"用它们来举行莽的祭祀。"又赐予矢令郁鬯、铜和牛犊,说:"用它们来举行莽的祭祀。"

于是明公赐命说:"现在我命你们二人亢和矢,委托你们好好指挥你们的下属和同僚。"

作册令为了颂扬长官明公授予的恩惠,为父丁制作了青铜礼器。就这样把明公的恩惠带给了父丁,使父丁的灵魂发出光辉。

铭文中,名叫明保(被称作明公的周公)的人,在西都所在的宗周,从周王那儿接受了"命",去了东都所在的成周那里,发布了对三事的"命"和对四方的"命"。当时,协助明保的亢师和矢令二人被授予了执行具体职务的命,其中的作册矢令制作了这件被称作令方彝的青铜器。

铭文中所说的"三事"是指都城附近的统治机构,"四方"是指其外侧的广大地区。西周的统治体系是由以都城为中心的地区和其外侧地区这两类性质不同的地域统治组合而成。中央地区以三来计数,周边地区以四来计数,可能是因为人们认为中央组织是与天相连的垂直结构,周边地区则是水平结构。[①]

令方彝是在册命仪式定型化以前铸造的,但可以看出当时已经存在这样的观念了,亦即周王在都城发出命,将其传达到各行政部门,统治机构以这个命为基础顺利开展活动。西周中期以后以典型形式表现的命的金字塔,就是以这种古已有之的命的观念为基础构建观念体系而形成的。

到了西周后半期,周文化从此前受到殷文化巨大影响的状况下摆脱出来,发展出自己独特的文化。如果把殷文化定性为宗教文化,那么与之形成对照的周文化则可以说是礼文化。命的观念在西周后半期采取册命仪式的形式开始在政治场合盛行,也以典型形式展现了周文化礼的特质。

[①] 关于西周统治体制的空间结构,参见周书灿《西周王朝经营四土研究》,中州古籍出版社,2000年;松井嘉德《周代国制の研究》,汲古书院,2002年。

第五章

天命的实态与功能

1 天命授受仪式

正如前一章所分析的那样，在背后支撑西周后半期统治体制的"命"的理念，从横向看，君主授予臣下之家的命可以超越时间反复继承下去；从纵向看，作为命的金字塔，一个源自大命（大令、天命）的命，其内容和权限被不断分割，自上而下地贯彻到所有阶层。在这个命的金字塔的顶点，以及君臣之间反复进行的命授受的原型，是西周王朝创建伊始的文王、武王受命"神话"。支撑着西周统治体制的命，若溯其根源，全部都是由文武受命而来。对于置身于西周体制中的人们来说，自己在政治上、社会上存在的意义，归根结底，都来源于文王和武王所受的天命，

第五章　天命的实态与功能

对他们而言，文武受命是最关心的大事也是理所当然的。

那么，文王、武王（特别是文王）是在什么场合、以什么方法和手续被授予天命的呢？直到汉代，还流传着赤雀衔丹书，从天而降，授天命于周王等传说，[①]但在此前的文献资料中，找不到关于周王受天命时的具体场景和手续的详细记载。不过从《尚书》来看，除了《酒诰》篇有"惟天降命"等外，《君奭》篇还把天命降于文王之身写作上帝"集大命"。"集"字，原本是表示鸟（隹）停留在树（木）上的表意字。从用"集"这个动词来表示授予天命之事来看，作为天帝使者的鸟来到文王那里，传达天帝授天命之意的传说，也许在西周时代就已经存在了。顺便说一下，作为天帝使者的鸟（凤凰）的观念，在殷墟出土的卜辞中也能看到。

---

① 如《太平御览》卷922引《尚书中候》："赤雀衔丹书，入丰，止于昌前。"昌指姬昌（文王）。

又，关于天命观念，利用金文资料等进行分析研究的有：黑俊逸：《周国の成立と天命思想》，《漢学會紀要》第5册，1950年；高山节也：《西周国家における「天命」の機能》，收入《西周青铜器とその国家》，等等。还参考了傅斯年《性命古训辩证》（《傅孟真先生集》中编己），他从更宽阔的视野讨论了命的问题。

遗憾的是，很难找到能传达这种天命授受传说背后的政治、宗教仪式具体情况的资料。不过，正如前一章对册命仪式的分析所看到的那样，在这个时代，就任职务（如果是周王的话，就是统治天下的工作）要颁发册书，但更重要的是通过礼仪来确认职务的委任。可以推测，在这样的时代环境中设想的天命授受，为了确认它的有效性，应当举行某种以天帝和周王为主人公的仪式。

有关天命授受的"神话"和礼仪的详细内容没有流传下来，这件事若从当时天命所具社会意义的重要性来看，有点不可思议。那些想要保护西周政治、社会体制存续下去的人，肯定会积极谈论这类神话，因为他们想要炫耀构成其自身保持的命的根源与天帝的密切关系。古代的礼仪，虽然有很多演化为故事流传下来的例子，但却看不到关于天命授受的传承，这大概是因为这一礼仪很早就变成了观念性、政治性的东西了吧。

如此一来，周王受天命时的神话手续细节就无从知晓了。不过，从命的理念背后不断重复原型的原理来看，可以设想它采取的应当是和册命仪式一样的形式，即周王面向南，臣下站在他面前，北面接受授命，只是在高一个层

第五章　天命的实态与功能

次的天帝授命周王的场合，则是周王面向北，从面向南的天帝那里接受天命。关于这样的礼仪场景，虽然不是直接提及，但《尚书·金縢》篇的下列记载或许可以参考。这是周武王病重时的场景，周公旦向天祈祷，希望能把自己的寿命奉献给天，来换取延长武王的生命。

既克商二年，王有疾，弗豫……公乃自以为功，为三坛，同墠。为坛于南方。北面，周公立焉，植璧秉珪，乃告太王、王季、文王。

史乃册祝曰："惟尔元孙某，遘厉虐疾。若尔三王，是有丕子之责于天，以旦代某之身……乃命于帝庭，敷佑四方，用能定尔子孙于下地。四方之民，罔不祇畏。呜呼！无坠天之降宝命。我先王亦永有依归。"

【白话译文】

推翻商王朝后的第二年，武王患病病危……周公认为［祈祷武王长命］是自己应尽的职责，于是在一个神域中建了［作为周先王太王、王季、文王灵座的］三个坛，在其南侧，又建了一个坛。周公［在南侧的坛前］朝北而立，［三坛各］安放璧玉，周公亲自手持圭玉，向太王、王季、文王的神灵祷告。

史官宣读［写有周公话的］册书："你们的元孙某

（武王之名）病得很重。如果你们三王无论如何都要派一个儿子到天上的话，请用旦来代替某之身……你们的元孙［武王］在帝庭受命，拥有广阔的四方土地，就这样为你们的子孙在这地上世界奠定了坚实的立足点。四方之民没有不敬畏的。啊，不要从天上降下［让武王现在死去的］重要的命吧。［只有保住了命］我先王才能保住永远的依靠呀。"

周公说，武王是在"帝庭"受命的。这个"帝庭"，大概是与举行册命仪式的大室前的"廷"性质相同的仪式场所。"廷"和"庭"字相通，是指臣下们站立的仪式场所的前庭。也就是说，可以推测当时人认为，与地上的仪式场所（暂时称为"王廷"）相对应，天上也有同样的仪式场所，被称为"帝廷"。《史记·鲁周公世家》也沿用《金縢》原文，说武王"乃命于帝庭，敷佑四方"，其下裴骃《集解》引用马融的《尚书》注，解释说："武王受命于天帝之庭，布其道以佑助四方。"所谓"帝廷"，就是天帝之庭（天帝下的朝廷和仪式场所）。

"帝廷"一词在默簋铭文中也能看到。这段文字在前文已经引过，周王说了下面这段话：

第五章 天命的实态与功能

> 王曰：……其各前文人，其频才帝廷陟降，䌛圂皇帝大鲁令，用綏保我家朕立䧊身。[①]

【白话译文】

> 王说：伟大的前世祖先们，升到了天帝之廷，在天地之间穿梭，继承了光辉的天帝充满巨大幸运的命，就这样为我家、我的王位和我自己的身体谋求安全。

如前所述，根据䧊簋制作者的"䧊"与周厉王的本名姬胡的"胡"读音相通，䧊被认为指周厉王。这件青铜器被认为是周王自己制作的礼器。

根据䧊簋铭文，周王朝的祖先们死后升到了天上的"帝廷"，这些祖先神成了天地之间的中介。他们加入以天帝为中心的天上朝廷，成为其中的一员，同时仍与地上的子孙保持着接触。据说那些祖先神将称作"大鲁休令"的天命，在天上䌛圂下来。"䌛圂"这个词在册命金文中作为表"继承命"意思的动词使用，前文已经推测了词义的由来。通过这篇铭文可知，当时人认为通过周族祖先神们的努力，继承天上的天命，就能够保护地上的周王室、君主

---

① 䧊簋，《铭文选》404。

的王位以及周王个人身体的安全。反过来说，如果没有在祖先神的努力下，在天上继承"命"的话，在地上，周王也很难保持天命，王位和王自己的身体也会面临危机。

至于周的先王们在天上为子孙们谋划，《诗·大雅·文王》也说：

> 文王在上，于昭于天。
> 周虽旧邦，其命维新。
> 有周不显，帝命不时。
> 文王陟降，在帝左右。

【白话译文】
文王在天上，在天上闪耀。
周虽是古老的邦国，但它的命时常是新的。
周王朝光辉闪耀，来自天帝的命不会动摇。
文王往来于天地之间，侍奉天帝左右。

授予周王室的"帝命"，在天上文王的帮助下，被坚定不移地继承下来。这里唱的"周虽旧邦，其命维新"，所谓新命，与其说是周王朝刚刚接受天命的意思，不如说是因为文王的努力，天命在天上也经常持续更新的意思。命只是单纯存续下来是不够的，必须反复更新，保持常新。有"日新"的说法，《周易·系辞传》中有这样一句话："日新之谓盛德（日日更新称之为盛德）。"对于古代中国人来说，"存续"是与墨守成规相对的概念，意为经常反复更新，是一个动态概念，只有不断更新，才能保持巨大的能量（盛德）。

由此可见，帝廷在理念上是存在于天上的，但周王举行的实际受命仪式，其仪式场所是设在地上的，推测这个场所在仪式中就和天上的帝廷合为一体了。天坛直到明清时期都是皇帝举行祭天仪式的场所，其原型在周时应当就已经存在了。例如，天亡簋铭文所见"天室"，或者下面看到的何尊铭文上单称"天"的设施，推测就应当是祭天场所，作为实际的礼仪场所，在其中设置了"天廷"或"帝廷"。

关于与天上的帝廷相对应的地上设置廷的设施，上引《尚书·金縢》篇关于设祭场、筑坛、北面而立的记载，或许可以参考。除了在《金縢》篇见到的为祖先神设的坛之外，可能还要筑坛作为天帝的宝座，并在上面摆放玉璧。仪式场所在仪式中转换成超越时空的东西，是宗教仪式的典型特点。人们在仪式中，有可能将身体置于原初之时和超越性的空间（例如天上世界和极远之地）。当周王站在地上的廷时，这个廷就这样变成了天上的帝廷，周王自己站在南向而立的天帝面前，直接从天帝那里接受了命。

何尊铭文中的"廷告"之"廷"，据推测，在这样的仪式场所中，属于地上的廷。这件新出土的何尊，因带有言及西周初年迁都洛邑史事的铭文，而广为人知。

> 佳王初迁宅于成周，复稟武王豊福自天。才四月丙戌，王诰宗小子于京室，曰："昔才尔考公氏克弼文王，肆文王受兹大令。佳武王既克大邑商，则廷告于天，曰：余其宅兹中域，自之乂民……"①

【白话译文】

周王迁都成周（洛邑）后，向武王的灵魂进行报告，祭礼从天（祭天的祭场）开始。

四月丙戌日，周王在京室（远祖庙京宫的大室）对周族的年轻人说："从前，你们的父亲们大力辅佐文王，结果文王才接受了大命（天命）。武王征服大邑商（殷都）后，在'天'进行'廷告'，说：我想在位于国中

---

① 何尊，《通释》补1，《铭文选》32。

央的这片土地上,以这片土地为中心治理人民。"

对于铭文中的"廷告"一词,虽然也可以有其他解释,但这里还是取两个字的原义,如下理解铭文的具体内容,即:在地上设置"廷"的祭祀场所,身处廷中的周王面向北方,向面朝南的天帝举行告礼。

何尊的祭祀是从"天"开始的,在天亡簋(大丰簋)的铭文中也能看到在天廷举行的祭祀。何尊铭文中的"廷告于天",也可以理解为在祭天仪式中称作"天"的地方举行了廷告仪式。西周前期成周附近设有祭天场所,推测在那儿举行的祭祀与周王朝保持天命有深刻关系。此外,我曾论述,在洛邑设置的祭天设施,在后世可能与称作中岳的嵩岳祭祀结合在一起了,[①]只是流传下来的资料有限,很难复原这些祭祀的详细情况。

周人对天命的这种特殊认识,从《尚书》中成书年代可能最早的记载周初史事的"五诰"诸篇中亦可窥之。例

---

① 参见小南一郎《西周王朝の成周経営》(收入《中国文明の形成》,朋友书店,2005年)。

如,《召诰》篇是这样说的：[1]

> 呜呼！皇天上帝，改厥元子，兹大国殷之命，惟王受命。无疆惟休，亦无疆惟恤。呜呼！曷其奈何弗敬。天既遐终大邦殷之命，兹殷多先哲王在天，越厥后王后民，兹服厥命。厥终智藏瘝在。夫知保抱携持厥妇子，以哀吁天，徂厥亡出执。呜呼！天亦哀于四方民，其眷命用懋。王其疾敬德……呜呼！有王虽小，元子哉。其丕能诚于小民。今休。

【白话译文】

啊，皇天上帝改变了他的元子（后嗣），更改了授予大国殷的命，我王接受了［取代殷的］命。这是无限可喜的事，同时也是让人无限担忧的事。啊，怎么能不慎重呢？

天，已经永远终结了大邦殷的命。殷王朝许多出类拔萃、杰出的先王，都［立下显赫的政绩，死后］升上了天。后来继承的君王和子民也服从天命。［但殷王朝］

---

[1] 对天道的怀疑，参见郭沫若《天の思想—先秦思想の天道観—》（岩波讲座《東洋思潮》，1935年，后收入《青铜时代》，新文艺出版社，1951年）、佐藤匡玄《詩経に於ける天の思想》（《東洋文化の問題》1号，1949年）等。

到了最后，智者们隐匿其身，有缺陷者占据官位。[结果，在引发的社会混乱中]人们能做的只有牵着妻子的手，抱着幼儿，向天诉说悲伤，即使想要逃跑也会被逮捕[无处可去]。

啊，天也怜悯这四方的国民，环视天下，注意到用心善政的人，[给周王]授予新命。希望我王无论如何都要努力珍惜德。

啊，我王，你虽然年轻，但却是天的元子（后嗣）。无论如何也请安抚下层人民的心。[如果您能这样做的话]不久就能得到休（天的恩宠）。

《尚书》中年代较早的各篇是用所谓"诘屈聱牙"的文体书写的，内容不容易把握。上述《召诰》篇的译文也只是暂时的解释。不过，从这些篇章中也可以了解到殷周王朝更替的原因，亦即天（皇天上帝）因殷王朝不断施行恶政抛弃了他，寻找适合授予新命的人，找到周王后，就认定周王是天的元子，将天命授予了他。

正如这里所强调的那样，接受天命的前提条件必须是天认定其为元子。根据元子即世子的注释，天认为周王是自己的后嗣，将天命授予他。周王自称天的儿子（天子），能以天子的资格将休（恩惠）分配给臣下们，也是因为被天认为是元子，从天那儿得到了大休（恩宠）。

顺便说一下，分封诸侯时，身为元子也是基本条件，这从《诗·鲁颂·閟宫》歌咏分封鲁侯的下列诗句也可以得知。

> 王曰叔父，建尔元子。
> 俾侯于鲁。
> 大启尔宇，为周室辅。
> 乃命鲁公，俾侯于东。
> 锡之山川，土田附庸。

【白话译文】
周王说："叔父啊，建你的元子。
成为鲁地的侯。
希望能极大扩展你的领地，成为周王室的辅佐。"
于是周王命鲁侯作东方之地的侯。
赐给山川、土田和附庸小国。

这里不是周王直接的元子，而是周王称为叔父（周公旦）的元子伯禽被封为鲁侯，情况稍有不同，但在前面列举的命的金字塔中，命也是通过元子这一资格从上向下传递的。同时，元子这一资格也是超越时代横向继承职位时所要求的条件。继任者必须是前任的元子。不难想象，这种对元子的尊重与支撑周代社会基础的宗法制度是一体的。①

2　文王、武王的角色分工

金文中，关于天命降临周王朝之事，把文王、武王合在一起说受命的铭文有很多，但将两王分开来说时，则是像下面这样表达的。西周前期后段的大盂鼎铭文如下：

> 隹九月，王才宗周，令盂。王若曰："盂，不显文王，受天有大令，才武王，嗣文乍邦，闢厥匿，匍有四方，畯正厥民……"②

【白话译文】

> 九月，周王在宗周的都城，授命给盂。
> 王如是说："盂啊，光辉的文王被赐予了天所拥有

---

① 王国维《殷周制度论》(《观堂集林》卷10)强调，家族继承重视长子的宗法制度是西周社会的典型特征。
② 大盂鼎，《通释》61,《铭文选》62。

的大命，有武王，继承文王，创立了国家体制，任用那些怀才不遇的人，领有四方各国，正确地引导人民。"

在大盂鼎铭文中，对西周建国时文王和武王的作用是分开叙述的。文王将本来是天所保持的大命（亦即天命）受于己身，而武王为了建立新的国家，发起军事行动，将四方之地都置于周王朝的统治之下。

史墙盘也将文王和武王的角色作了如下划分：

> 曰古文王，初庋龢于政，上帝降懿德大甹，匍有上下，合受万邦。素围武王，谲征四方，挞殷俊民。永不恐，狄俎微，伐尸童……①

【白话译文】

当重视过去传统的文王进行没有纷争的和谐统治时，上帝从天上降下美好的德给文王，给予他很大帮助，让文王一并拥有天地，将一万个邦一起授予了他。

富于执行力的武王，征服了四方之国，打击殷王朝，正确引导人民。为了能永远保持安定，讨伐俎和微，征伐夷和僮。

---

① 史墙盘，《通释》补15，《铭文选》225。

第五章 天命的实态与功能

史墙盘中,以史官史墙之笔,将西周前半期截至穆王(或今王共王)的周王事迹,对每个王逐一进行了简要记述,作为这一时期的历史记录十分珍贵。据其记载,文王得到天帝的眷顾,从天那儿得到授予他天、地以及天下万邦的约定,与之相对,天则让武王发动武力,向四方出动军队,除了殷之外,还征服了中原各民族甚至周边民族。

从大盂鼎和史墙盘的铭文可以看出,在西周建国之际,文王和武王所起作用的方向是不一样的。丰田久氏认为,两王的作用不同,文王是天命膺受者,与之相对,武王则是匍有四方的人,两者形成了鲜明对比。① 文王以其协调能力打动了天帝的心,以授天命的形式奠定了西周王朝的基础,武王则发动武力,征服四方之国,推翻殷王朝,建立了西周王朝。如果把这样的角色分配进行抽象概括的话,那么,文王将周一族的愿望传达给天,获得其好感,宗教色彩浓厚;武王则是通过武力拓展周领土的武人。也可以说,文王作为连接天地的人,在垂直方向上施加力量,与

---

① 丰田久:《周王朝の君主権の構造——「天命の膺受」者を中心にして》,松丸道雄编《西周青銅器とその国家》,东大出版会,1980年。

之对照，武王则是以征服四方土地的形式，在水平方向上施展力量的人。

文王、武王两位统治者这种形成对比的功能分工，或许也有反映周代初年历史实际情况的一面，但相较而言，毋宁说它反映的是西周王朝创业期结束后被观念化和理念化的对周王权的认识。正如丰田氏所说，周王具有双重性格，亦即文王与武王分别代表的宗教性和军事性，是位于这个世界中央的垂直线与水平线交叉点上的、身处周王之位者所具有的两种基本性质和权限。周王保持的这种双重权限的由来，就在于分别赋予了文王和武王。

赋予文王与武王这样的性质，应当是在企图将周的王权理念化以及赋予其权威的过程中成长起来并结晶化的产物。可以推测，这种理念化并不是在建国之初的混乱时期，而是在西周社会稳定之后才开始的。西周中期，命体制的理念化是和文王、武王受命的观念化一起进行的，从理论上确立了西周王朝的君主权及其统治体制的正当性。

3 天命难忱

《尚书》中，以"五诰"为中心、属于年代最早的几

第五章 天命的实态与功能

篇反复提及天命。上帝看到周王德盛,因此将天命授予了周王。它反证,如果周王朝实行不公正的统治,天命就会转移到别的部族那儿。因此,周人说到任何事,都告诫说,我们周族人要不懈努力啊。《康诰》篇记录了分封康叔于卫国时周王的讲话,其内容如下:

> 王若曰:……我西土,惟时怙冒,闻于上帝,帝休。天乃大命文王,殪戎殷,诞受厥命……王曰:呜呼!肆汝小子封,惟命不于常。汝念哉,无我殄享,明乃服命。

【白话译文】

周王如是说:"我们统治的西方人民信赖我们,[欣然地]拥戴我们,这件事也传到了上帝的耳朵里,帝嘉许这件事。天于是将大命授予文王,命令推翻强大的殷的势力,受命取代殷做王者……"

周王说:"啊,你,年轻的封啊,天命就像这样不是永远都能保住的。你要牢牢记住这一点,不要自己放弃这份幸运,努力把你受命接受的工作变成辉煌的事业。"

它强调说,天命容易发生转移,所以要一直努力,尤其是不能懈怠受命的职务。《君奭》篇也说:

周公若曰:"君奭,弗吊,天降丧于殷,殷既坠厥命,我有周既受。我不敢知曰厥基永孚于休。若天棐忱,我亦不敢知曰其终出于不祥。呜呼!君已曰时我,我亦不敢宁于上帝命……我后嗣子孙,大弗克恭上下,遏佚前人光在家,不知天命不易,天难谌,乃其坠命,弗克经历嗣前人恭明德……"又曰:"天不可信。我道惟宁王德延。天不庸释于文王受命。"

【白话译文】

周公如是说:"君奭(召公)啊,不留情面的天降丧乱于殷,取走殷一直保持的天命,结果我们周国接受了它。我无法断言这个新的国能否永远保持这份幸运。天是靠不住的,我也不能断言这个新的国最终会不会遭遇不幸。啊,你说我应该对事情负责,但我不会因为得到了上帝的命而安心……[我很担心]我们的子孙是否会忘记尊重天地众神,忘记祖先们为了光耀家族所作的努力,也不理解保有天命的难度以及天的意志很容易离开,其结果必然会失去天命,不能努力继承祖先们尊崇光辉德的行动原则……"

又说:"不能依靠天。我想学习文王广布德。这样,天就不会从我们手中夺走赐予文王的天命。"

强调天命不可恃,为了不失天命,要求周族统治阶层的人

第五章 天命的实态与功能

要努力履行职务。

同时值得注意的是,周不仅对周族人,而且对殷遗民们,也大肆宣扬这种天命观念。在《尚书》叙述周初史事的各篇中,随处都可以见到周对殷遗民的关心。最具代表性的是《多士》篇,它记录了周王对居住在成周(洛邑)曾在商王(殷王)手下担任官职的众多士的讲话。该篇如下所说,是要说服殷人也协助周的国家建设:

> 惟三月,周公初于新邑洛,用告商王士。王若曰:"尔殷遗多士。弗吊旻天大降丧于殷,我有周佑命,将天明威,致王罚,敕殷命终于帝。肆尔多士,非我小国敢弋殷命,惟天不畀允罔,固乱弼我,我其敢求位。惟帝不畀,惟我下民秉为,惟天明威……"王曰:"告尔殷多士。今予惟不尔杀,予惟时命有申……尔乃尚有尔土,尔乃尚宁干止。尔克敬,天惟畀矜尔。尔不克敬,尔不啻不有尔土。予亦致天之罚于尔躬。"

【白话译文】

三月份,周公初次到新修建的城都洛邑,告诉从前为殷王工作过的官僚们。周王如是说:"你们这些在殷王朝任职的众多的士啊。当无情的天神要向殷降下巨大丧乱时，我周王朝帮助在地上实行天命，在天的强烈意志下，周王惩罚了殷，但那时，殷的命已经被天帝终结了。既如此，你们这些士啊，不是我们小国敢于夺取殷的天命，而是天夺取了授予殷的天命，转而给了我们，我们怎么会觊觎王位呢？这是帝［从殷那里］夺走了天命，我们的民众只是代行了天的严厉意志。"

王说："告诉你们这些士，现在我们不是要杀你们，而是要延续你们的命……你们和以前一样拥有自己的土地，和以前一样过着安定的生活（？）。如果你们谨言慎行，上天会眷顾你们的。如果不能谨慎行事，你们不仅会失去自己的土地，我也不得不将天罚施加到你们身上。"

周王在此强调，周灭殷本是天的意志，自己不过是代行天的意志而已。他解释说，自己的军事行动也不是为了夺取统治天下的权力，而只是秉承上天降罚于殷的意图。殷因自己的行为失去天命，所以不要怨恨代天讨伐的周，要协助周治理国家。周王以天的意志相威胁，让他们协助自己统治。

关于天上的统治者，殷称为帝，周称作天。在这篇《多士》篇中，原本表示性质不同的"帝"和"天"两尊神的词被混在一起使用了。在中国古代，各部族集团可能都

第五章　天命的实态与功能

有对自己部族特别关注的最高神、天神。部族之间的争斗，也就是这些天神之间的争斗。推测这与中近东地区将都市国家之间的争斗，神话为神之间的争斗情况类似。

不过到了西周时期，这种情况发生了很大变化。超越各个部族供奉的最高神，更普遍化、抽象化的天、帝被设想为中原地区各民族共同的天神。这个天神舍弃了原来只给予特定部族恩惠的特点，被设想为是所有部族都应共同信奉、全新的绝对神。这个新的天神继承了给予人们恩惠、降下惩罚的功能，但给予恩惠或惩罚的标准却变成共通适用所有民族了，这一标准的伦理性必然会随之加强。

周族发展了这样的天神观念，通过强调周和殷在同一天神之下是平等的，试图与被征服的殷民族相融合。在这种新性质的天神之下，周族不可能超越其他民族处于优势地位。如前所见，天并没有特别关注周族，当周族失去伦理性、道德性时，天命很容易转移到其他地方的观念，也是在这样的思想变化中产生的，因此在政治上就要求统治具有很强的伦理性。

西周时期开始在政治上追求伦理性，这一中国思想史上特别重大的变化，迄今为止都认为是周初的周公旦带来的。[①]孔子哀叹"不复梦见周公",也充满了对周公旦这一丰功伟绩的景仰。但是,通过截至目前对金文资料的考察窥之,从礼仪制度的完善和其背后观念的历史发展经过来看,这种政治思想的伦理化应当是在西周中期以后才结晶化了。

《尚书》中与周初历史事件有关的各篇成书时,构成其基础的官方讲话在那个时代应当是存在的,这从例如前文所示何尊铭文与《尚书》文本之间存在重合也可以确认。但是,用天命观念将这些讲话思想化,应当还是西周中期以后的事。强调天命不可恃的今本《尚书》文本的固定化,也许要晚至西周王朝的覆灭已成定局的西周后期。在这种天命观念的思想化、伦理化过程中,比起军事指挥家召公,带有很强宗教家性质的周公的作用被特意放大了。推测和文王、武王受命变成一个神话一样,我们现在看到的周公旦的人物形象,可能也是从西周中期的政治思想和礼制改革中诞生出来并赋予其性格的。

[①] 参见林泰辅《周公とその时代》,大仓书店,1915年,名著普及会1988年再版。王国维《殷周制度论》(《观堂集林》卷10)也说:"中国政治与文化之变革,莫剧于殷周之际",主导这一变革的就是周公旦。

第六章

德的继承

1 支撑君臣关系的德

截至上一章,都在对西周时代职位继承制度背后、从理念上支撑着整个西周政治体制的"命"的观念进行分析。其实,和"命"一样,"德"也被认为是支撑周王与其臣下关系不可或缺的因素。在上一章所展示的历史过程中,当政治开始被强烈要求伦理性时,其伦理性就集中用"德"这个词来表示了。《尚书》的《康诰》篇说文王"明德慎罚(申明德,谨慎罚)",《梓材》篇也说"皇天既付中国民越厥疆土于先王,肆王惟德,用和怿先后迷民,用怿先王受命(皇天把住在中央地区的人民和疆土托付给先王,所以现在的周王必须用德来安抚至今迷失道路的民众之心,安全地将先王接受的天命保持下去）"等等，由此可知，统治者们保持德、在实际统治中发挥德，是接受天命并将其继承下去的基础要件。

青铜器铭文中，虽然没有像《尚书》等传世文献资料那样强调德，但也有几件金文提到臣下在周王手下任职与"德"密切相关。例如，西周中期的师𩵦鼎铭文中，如下所示，就使用了很多"德"字：

> 唯王八祀正月，辰才丁卯，王曰："师𩵦，女克尽乃身，臣朕皇考穆王，用乃孔德示屯，乃用心弘，正乃辟安德。叀余小子肈淑先王德。易女玄袞黻屯、赤市朱黄，鋚旂大师金膺攸勒。用井乃祖考熙明，黹辟前王，事余一人。"𩵦拜稽首休。"白大师胤嗣𩵦，臣皇辟天子，亦弗忘公上父夫德。𩵦蔑历白大师不自乍小子，夙夕甫由先祖烈德，用臣皇辟。白亦克奈由先祖，盩孙子一嗣皇辟懿德，用保王身。𩵦敢厘王卑天子迈年，华韡白大师武，臣保天子，用厥烈祖介德。"𩵦敢对王休，用妥乍公上父尊于朕考郭季易父执宗。[①]

---

① 师𩵦鼎，《通释》补10，《铭文选》202。

第六章 德的继承

【白话译文】

王八年正月丁卯日,周王说:

"师(官名)翻啊,你竭尽一己之力,作为臣侍奉我辉煌的父君穆王,用你至纯的孔德和宽阔的视野,用心工作,正确地引导你的君主不偏离德。现在,我想将先王的德原封不动地继承下来,让你继续你祖先的职位。

赐予你玄衮黻屯(带缘饰的黑色礼服)、赤市朱黄(赤色的围裙和红黄色的佩玉)、带銮的旗、大师用的青铜膺(马的胸当)和攸勒(马面)。用这些东西,以你的祖先尊奉光辉的先王为君主、好好侍奉为榜样,你也要侍奉我啊。"

翻行拜礼,接受这些恩惠后[作为答礼,说了下面这些话]:

"作为伯大师的后裔,我翻在侍奉光辉的君主天子的时候,绝对不会忘记公上父所具备的大德。翻认为,伯大师出色地完成了作为大人的义务,日夜不息,学习祖先们的烈德,作为臣侍奉光辉的君主,他的事迹很了不起,我想将其继承下去。正是伯大师继承了先祖们的做法,给子孙们树立了一心守护光辉的君主懿德,谋求周王身体安泰的榜样。

我翻愿意为王效力,直至万年,得到天子降下的恩惠,继承伯大师的足迹,作为臣侍奉天子,让功勋卓著的先祖们的介德发挥作用。"

龢为了报答国王赐予的恩惠,制作了公上父障(祭器)和安放在我父亲郭季易父宗庙中的祭器。

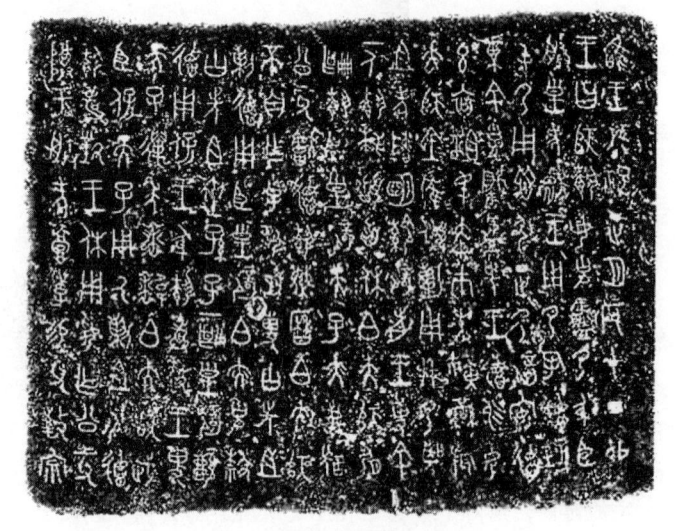

图22:师𫓧鼎

上述师𫓧鼎铭文大致可以读懂,其中使用了许多在"德"前冠以各种形容词的词,如孔德、安德、夫德、烈德、懿德、介德等等,似乎当时德的观念被总动员到了这里。遗憾的是,无法准确把握这些与"德"字结合的形容词之间含义的差别，但可以肯定大致方向都是表示大德、盛德的意思。

师虎鼎铭文强调，这样的德，无论是周王一方，还是臣下师虎一族都在传承，双方对德的传承是保持君臣关系的基础。另外，周的先王之所以能"安德"，依靠的是臣下的工作，现任周王也宣称要继承先王之德，保持君臣关系，并且为了确认这一点，向臣下颁发了赏赐品。当时的君臣关系就是在君臣双方以所传的德为基础，为了稳定德，双方都在积极推动德的相互作用上支撑着。

师虎鼎铭文中，周王方面列举了穆王和现任周王两人的名字，现任周王说要原样继承先王之德。另一方面，师虎家族方面列举了伯大师、公上父、郭季易父以及师虎的名字，师虎向周王发誓说，自己也要继承祖先们拥有的德，侍奉周王。

这篇铭文中说，在师虎的祖先中要特别以伯大师的事迹为榜样，周王的赏赐品中也包含伯大师的"金膺"。还有一个同样的例子，前面列举的大盂鼎铭文中说，应当学习盂的祖先南公的事迹，将南公使用的旗赐给了盂。虽然只有两个例子，但从王室保管的、赐给其子孙的祖先遗物都是车马具、兵车装备（旗也是树在兵车上的）等与军事有关的物品来看，这些赏赐品象征的各个家族祖先对王朝建立的功绩，应当主要是指军事上的贡献。

和师虤鼎铭文一样，把在周王手下作臣下任职与"德"结合在一起论述的金文，此外还有一些，下面来看其中的几件。它们都是西周后期的青铜器。梁其钟铭文是这样说的：

> 梁其曰："不显皇祖考，穆=异=，克哲其德，农臣先王，得屯亡愍。梁其肇帅井皇祖考，秉明德，虔夙夕，辟天子。"[①]
>
> 【白话译文】
>
> 梁其说："光辉的我先祖，穆穆和顺，翼翼谨慎，能使其德纯粹，出色地服侍先王，总是一心一意地努力。我梁其想以光辉的祖先们牢牢地把持明德、谨慎努力、服侍天子为楷模。"

梁其这个人强调的德是其先祖服侍周王时发挥的德，他说自己也要原样继承先祖之德，服事周王。铭文中"克哲其

---

① 梁其钟，《通释》157，《铭文选》397。

第六章　德的继承

德"的"哲"字,其他金文中也能看到同样的用法,推测原本是指与神接触时的心理状态。它或许暗示君主与臣下关系的原型,是神与祭祀者的关系。

下面的番生簋铭文的内容也和梁其钟铭文基本一样:

> 不显皇祖考,穆=克哲厥德,严才上,广启厥孙子于下,勴于大服。番生不敢弗帅井祖考不杯元德,用䚢圀大令,屏王立……①

【白话译文】

> 光辉的我先祖,穆穆和顺,能使其德纯粹,清楚地在天上世界显示他的存在,从各方面引导地上世界的子孙们,继承伟大的职务。我番生,一定以先祖的光辉元德为模范,继承伟大的命,成为守护王位的藩屏。

这个番生簋铭文记述了番生的决心:以帅型(原样模仿)祖先的元德为基础,以此继承大命,为周王效力。继承命,作为在周王手下担任职务的基础条件,必须要将祖先之德原样继承下来。

---

① 番生簋,《通释》160,《铭文选》310。

铭文中的"德",显然不能用后世"德"的用法来类推,将其理解为是以伦理意义为中心的词。正如上举师酓鼎铭文所见,德是在一个家族中继承的东西。从这一点就可以知道,构成德意义主体的东西,与原本属于伦理或道德范畴的观念有所不同。

2　作为生命力的德

中国古代人认为的德,不是以适用所有人为目标的伦理概念,而是一个家族从祖先到子孙代代相传的东西,在各个家族中继承他们独自的德。在战国以降的文献资料中还可以找到这种观念的残存。例如《国语·晋语一》中有这样一句话:

> 非礼不终年,非义不尽齿,非德不及世。
>
> 【白话译文】
>
> 如果违背礼,就不能全其天寿;如果违背义,就会搞坏社会关系;如果违背德,就会断子绝孙。[①]

---

① 韦昭注:"非有德惠,不能及世嗣。"

第六章 德的继承

这里列举的礼、义、德三个概念,应当是从伦理观点讲的。但关于其中的德,之所以说蔑视德,子孙就不会兴旺,是因为当时人认为德是在一个家族内传承的东西。反过来说,家族的存续取决于德是否能存续。它反映的应当是古老的德的观念。《国语·晋语四》在解释同姓不婚制度时,也如下所说,德是在以姓为单位的家族中传承的:

> 异姓则异德,异德则异类。异类虽近,男女相及以生民也。同姓则同德,同德则同心,同心则同志。同志虽远,男女不相及。畏黩敬也。
>
> 【白话译文】
> 姓不同,其德也就不同。德不同,其类也就不同。类不同,即使关系亲近,男女也可以在一起,生育后代。[另一方面]姓相同,其德也就相同。德相同,心也就相同。心相同,志也就相同。志相同,即使关系疏远,男女也不能在一起。这是因为担心玷污了敬虔。

这里对于相同德的男女结婚后为什么会玷污敬虔,并没有详细说明。它是将长期经验积累形成的优生学观念,与德在一个家族中传承的观念结合起来进行说明吗?不管怎样,这段文字也可以证明，德观念的核心是在一个血缘关系中传承。

像这样，如果认为每个血族都继承了各自不同的德，那么，原本就不可能把血族间德的差异设想为伦理上的优劣。每个家族都认为自己的族人流着相同的血，在这样的观念下，各个家族传承的德各有特色。如果认为德有优劣的话，那也是各家德的盛衰程度存在差异。有的家族兴旺，是因为其家族保持的德的力量强大；衰落，则是因为德失去了力量，这是一种朴素的数量力学观念。如果用更抽象的语言来概括的话，可以说"德"是表示各家族所保持的应称之为生命力的词语。

关于"德"是表示生命力的词语，在先秦时代的文献资料中到处都可以找到这一意义上的用例。例如，《庄子·天地》篇关于诞生宇宙的"德"，利用"德"与"得"音通，是这样解释的：

有一而未形，物得以生，谓之德。

【白话译文】

[在宇宙开始的时候，]只存在"一"，还不存在有形

态的东西。万物从中得到力量后产生了。给它起名叫德。

它说，从只存在原理、别无他物的原始宇宙中，孕育出天地万物的是"德"。所谓德，就是创造天地的能量。

《管子·心术上》篇也可见到这样的说法，它明确说"德"指生命力：

化育万物，谓之德。
【白话译文】
让万物成长、变化的东西，叫做德。

上文列举的都是战国时代以后的哲学著作，但其中也保留了德的古老语义，即伦理色彩浓厚以前德观念的主要部分。在《楚辞·天问》篇质问月的部分，也可以见到同样的德：

夜光何德，死则又育？厥利维何，而顾菟在腹？
【白话译文】
月有什么德，死了还能重生？有什么利益，月把顾菟（蟾蜍）装入腹中？

这里质问月末消失的月，又会复苏为新月，并不断变大的现象，问月有什么德，能够让它这样复活。这里的"德"，也肯定是说让月得以复苏、再次成长的生命力。

而且，人们似乎认为这种作为生命力的德原本是存在于天上的。《淮南子·齐俗训》是这样说的：

> 得其天性，谓之德。
> 【白话译文】
> 牢牢掌握天赐予的性（天性），这就是德。

这里也运用了"德""得"音通的用法，做了偏哲学性的解释，但并没有忽视德来源于天上的原义。《周易·系辞下》的传中有一句名言：

> 天地之大德，曰生。
> 【白话译文】
> 天地的大德，就是生。

这句话是以德的本质是生命力、它以天地为源泉这样古老的观念为背景说的，认为天地给予万物的最大恩惠就是赋

第六章 德的继承

予生命。

上引文献资料虽然主要是时代稍晚的哲学著作,但西周时期德的观念基本上是一样的。例如前文提到的史墙盘铭文,其中记载"上帝降懿德"给文王,把天上的德赐予地上的统治者,就可以证明这一点。

从德是生命力的观点来看,地上统治者的职责就是亲身接受(膺受)天降下的德(生命力),然后将德传播推广到整个地上世界(天下)。《礼记·月令》篇这样叙述立春时天子的工作:

> 立春之日,天子亲帅三公九卿诸侯大夫,以迎春于东郊。还反赏公卿诸侯大夫于朝,命相布德和令,行庆施惠,下及兆民。庆赐遂行,毋有不当。

【白话译文】

立春日,天子亲自率领九卿、诸侯、大夫,到都城的东郊,在那儿举行迎春礼。返回后,在朝廷上赏赐公、卿、大夫,同时命宰相传布德,放宽禁令,施与恩和惠,下面及于兆民。王的赏赐物普遍发放,采取措施,让有资格的人都能得到。

立春时，为了让地上世界的生命力复活，要举行各种各样的祭祀活动，世界上许多民族都有这样的风俗。通过立春礼，首先复活在冬天衰弱的生命力，既可以保证这一年的农作物收成，也会让人们多生养孩子。也有传说认为，这样的生命力是通过沉睡在地下的女神的觉醒而复活的，但在中国古代，人们主要还是认为生命力是从天上获得的。[1]

春天的季节到来了，首先天子通过迎春仪式，亲身接受天上孕育的生命力。当时人认为，只有天子才有祭天的权力，所以接受天上生命力的，也只能是天子。集生命力于一身的天子，通过仪式、语言和礼物，再将生命力散播给地上万物。王赐予臣下们的年初赏赐物，也是象征生命力传授的物品。

天子手下以宰相为首的官僚们，其职责是代替天子将这样的生命力（德）传布给普通民众。《礼记·内则》篇说："后王命冢宰，降德于众兆民（君主通过宰相，将德降予众多的民众）。"其中的"德"指君主的恩惠，但若追溯它的原义，则是通过君主分配来的生命力。如果君主能够

---

[1] 关于中国的春祭，还参见小南一郎《女神の目覚め——碧霞元君と春の祀り》，《説話論集六》，有松堂书店，2005年。

不懈怠祭祀天，好好接受天上的生命力，官僚们能够及时将君主接受的生命力广布给万民，那么，地上世界就会充满生命力，太平之世就会到来。所谓有德之人，其本义应当是指能按各自的立场公平地分配德的人。

反过来说，当不能完全履行在地上广布天上之德的天子职责时，这个君主就会被认为失去了德，天就会抛弃这个功能不全的君主，另外寻找能颁布德的人，认定为新天子。《春秋左氏传》僖公二十五年记载了周王与实力诸侯晋侯之间的下段对话：

> 戊午，晋侯朝王。王飨醴，命之宥。请隧，弗许，曰："王章也。未有代德而有二王，亦叔父之所恶也。"
>
> 【白话译文】
>
> 四月戊午日，晋侯朝见周王。周王用醴酒礼仪招待晋侯，是超规格的优待。晋侯请求允许使用隧（带墓道的墓葬），周王不允许，说："隧是只允许王者使用的特殊葬法。现在还没有'代德'，两个王者并存的情况也是叔父您厌恶的。"

晋侯对周王的厚待感到很高兴，他僭越请求的隧，应当是在自己的坟墓上也加上墓道。这个时期，普通官僚的葬仪是，下葬时，将柩从上面吊下去，放进墓坑中，只有天子可以建造带四条墓道的墓，柩由柩车载着，通过墓道，运到墓室中。晋侯请求只有天子才可以使用的隧，这与前文谈到的楚王请求九鼎一样，都是将自己比作王者的僭越行为。

对于晋侯这样的要求，周王以尚没有"代德"，所以不能允许的理由拒绝了。所谓代替的德，具体是指代替周王治理天下的人，之所以用德这个词来表示统治者，大概是因为天下的统治者最重要的功能是保持从天上接受的德，使其德能均匀地遍布整个地上世界。天会找到比现在的君主更善于散布德、给民众带来满足的人，委托他取代地上的统治。推测这就是代德的意思。

西周金文中的"德"字，由行人旁、"心"和上有"十"字的"目"三部分组成。行人旁表道路，"行"字等也使用这一偏旁，主要用来构成表军队出征意思的字。"征""衛"等，就是这类字。带有"十"字的"目"，是构成"直"字的主体部分。而"心"是模仿心脏形状的象形字（图23）。

周代的"德"字，在甲骨文中没有"心"，可能来源于"徝"字。甲骨文字中尚没有见到"心"字。"徝"字，

甲骨文字	![萃篇1140]	![铁云163-2]	![甲篇2304]
	萃篇1140	铁云163-2	甲篇2304
西周金文	大盂鼎	班簋	师酉鼎
	番生簋	史颂鼎	
春秋战国	王孙遗者钟	秦公簋	中山国王鼎

图23:"德"字字形表

被认为通"省"字,推测是军事巡视、军事征伐或者田猎的意思。"目"上加"生"的"省"字,与"目"上加"十"的"直"字,是否有关系还有疑问,这个暂且不论,从西周时期的"德"字也是行人旁,可以推测它也包含了原本军事征伐意义的要素。如果是这样的话,上面所说的作为德根本的生命力和德字形暗示的军事征伐,是什么关系呢?①

军事征伐与生命力结合,体现的不正是秩序与无秩序的概念吗?军事征伐是给一个地区带来秩序的行为(当然这只是侵攻方的理论)。如果军队控制了一定范围的地区,就会给该地区带来秩序。生命力也分无序状态的生命力和有秩序的生命力两种。无序状态的生命力即使是生命力的根源,但将其直接注入这个世界却过于危险,地上世界能有效发挥作用的是有秩序的生命力。通过军事征伐以及之后举行的统治者的视察行动(被称作"省",参见宜侯夨簋

---

① 关于"德"字的形成及其意义内容,也有很多讨论。闻一多:《释省徣》,闻一多全集选刊之二《古典新义》;杜迺松《西周铜器铭文中的"德"字》,《故宫博物院院刊》1981年第2期;伊东伦厚《德の原義について》,《東京支那学報》16号,1971年,等等。斯维至《说德》(《人文杂志》1982年第6期)一文将德的观念与图腾崇拜结合起来进行解释。虽然斯氏对图腾崇拜的理解有一些问题,但他认为德是生命力,与生、性、姓概念相连,这一点值得参考。

铭文），可以让这片区域变得秩序井然，生命力也可以更好地被发挥，成为人们可以安居乐业的世界。[①]

与生命力观念密切相关的"德"字的意义内涵，也是一方面意味着恩惠，另一方面则加入了强制赋予秩序的要素，"德"字本身就是以与后者要素有关的部件（译者按：指行人旁）为中心构成的。与天命具有文王要素和武王要素两面一样，德的观念也具有强制与恩惠两面。虽然德被看作是与罚相对的词，以及后世将德与刑看作一对概念，发展出刑德理论，但在这个时代，德的观念尚未分化，而同时含有德与刑两种要素。如果把德的意义的二重性与前文所述周王权的两个侧面进行图表化（虽然略微牵强），可作成下表：

周王	天子	祭祀权（祀）膺受天命	文王周公旦	德德的恩惠要素	册命仪式反复继承	天（天、帝）结合天地	玉器
	王	军事权（戎）统治土地	武王召公奭	刑、罚德的刑罚要素	封建仪式历史的	地（禹、社）领有四方	青铜器

---

① 参见小南一郎《亳社考》，《殷墟博物苑苑刊》创刊号，1989年。

3 德的观念与命的观念

周王与其臣下的关系是以双方保持德为基础延续的,从这一点来看,德的观念与命的观念有许多重合之处,德的存续与命的继承相结合,西周王朝的各种制度才能够顺利发挥作用。如果是这样的话,为什么在西周人的理念中,相似点颇多的德和命两种观念会并存,发挥类似作用呢?

这是一个无法简单回答的设问,姑且认为是来源不同、原本含义内容也不同的德与命的观念,到了西周时期相互融合后的结果。融合的背景,如前所述,推测是基于西周后期政治形势下的社会要求。

"命(令)"字在殷墟卜辞资料中时常会见到,是在上级向下级下达命令的意义上使用的。关于"令"字的字形(参见本书第 134 页),其上半部分的三角形表示什么,还没有定论,但关于其下半部分,学界一致认为是取形于人正坐听取命令的样子。"令"字字形本身模仿的是恭谨听取上级命令的样子。只是这个命令不是日常性的吩咐,而是具有更重要意义的指示。

第六章 德的继承

从卜辞中"令（命）"语的用例也可以看出，并非谁都可以成为下达命令的主体。下达令的主体，大部分都限于帝（天帝）和殷王及其周围的人这两种人。天帝下达令的范围也受到限制。来看几个例子。

> 贞，帝令雨正（足）年（前篇――50-1）
> 【白话译文】
> 贞，帝命令雨水充沛让年成丰足吗？

> 翌癸卯，帝不令风夕雺（乙2452）
> 【白话译文】
> 翌癸卯，帝没有命令风晚上起雾吗？

> 帝其正一月令电（乙3282）
> 【白话译文】
> 帝在这个正一月命令雷电了吗？

这些卜辞中天帝命令的都是掌管气象的神，这些神听从天帝的命令，兴起各种气象现象，因为担心它会影响人类生活，所以进行占卜。[①]

另一方面，关于殷王向其臣下下达令，可见到下列例子：

癸亥贞，王令多尹藉田于西，受禾（人文2363）
【白话译文】
癸亥日占卜，殷王想命令多尹（长官）在西方的耕地上举行藉田礼，禾会丰收吗？

贞王勿令卓以众伐工方？（后上十六-10）
【白话译文】
占卜，殷王想命令卓指挥人们征伐工方部族，放弃命令好吗？

乙亥贞，王其令㠯侯商于祖乙门？于父丁门令㠯侯商？（小屯南地1059）

[①] 关于殷代的气象卜辞及其背后的天帝观念，有末次信行《殷代气象卜辞の研究》（玄文社，1991年）的研究。关于殷代天的观念，参见夏渌《卜辞中的天、神、命》，《武汉大学学报（哲学社会科学版）》1980年第2期。池田末利《中国古代宗教史研究——制度と思想》（东海大学出版会，1981年）也介绍了各说，并进行了讨论。

【白话译文】

乙亥日占卜,殷王应该在祖乙的庙门向㠱侯商发出命呢,还是应该在父丁的庙门给㠱侯商发出命呢?

上举三例甲骨文中,第一例询问殷王是否可以命令臣下举行农耕仪式,第二例询问殷王能否命令名叫卓的臣下率领军队去讨伐敌对势力。这两个例子中,接受命的臣下,都是作为殷王的代理去举行仪式或军事征伐。前文曾通过对西周时代册命金文中的"命"字进行分析,推测"命"是寓意权限转让的命令,现在可以进一步推测,殷代卜辞中的"令"已经存在这样的意义内涵了。

《墨子·经说》篇定义"令"说:"令不为所作也",毕沅注解释说:"言使人为之,不自作(让人去做,不自己做)。"也就是说,令、命的意思是将自己的权限全部转交给他人,让他人代为行动。上文见到的殷代的气象神们,也是接受了原本属于天帝的权限后,才去降雨、打雷的。

第三个卜辞的例子,虽然也需要考虑"商"字用作动词的可能性,不过,这里还是读作:殷王给名叫商的㠱侯发出命时,卜问是在祖乙的庙门做这个仪式好,还是在父丁的庙门举行这个仪式好。如果是指令商作𡃓地的侯，那么，这个命的内容就是委任他掌管与敌方接触、侦察敌情的军事据点（侯）。这样的命要在宗庙的门举行，由此可窥之，即便是在殷代，下达命的仪式也必须要祖乙或父丁这样的祖先神出席。

这种殷代以来的命的观念，与以生命力的传承为内容的德的观念相结合，就形成了西周政权独特的政治理念。命的观念主要起着上下贯穿政治阶层结构的作用，德的观念则作为让这种阶层结构能够跨越时间、横向存续下去的理念在发挥作用。正如前文所述，德的观念与家的存续观念紧密结合，其起源或许可以追溯到新石器时代的部族社会。与之相对，命的理念，则可能是在社会阶层分化加剧、早期王权形成后，想从天那儿寻求权威，将王权理论化时采用并加以体系化的理念。

命的观念还有一个显著特征，亦即它是通过语言传达的。前面曾多次谈到，推测册命仪式上的王"命"，只有在仪式现场通过口头宣布之后才具有效力。此外，前文也以多友鼎铭文等为例指出，在西周后半期的军事性的"命"中，上级发出的命的语言会被原样反复传达给下级。"命"

第六章 德的继承

在跨越世代、横向传达时,语言是重要的媒介,这从下引《尚书·顾命》篇的内容也可以推测出来。

《顾命》篇记录了周成王病情危重时,为了传位给其子康王采取的措施细节。《顾命》篇的成书年代虽较"五诰"诸篇要晚,但作为记录中国古代王位继承仪式的文献,很珍贵。

成王病重,不知是否能挨到明天,于是成王清洗了身子,端正衣服,召集召公等重臣,传达了希望继承文王、武王所受天命,辅佐元子康王的命(顾命)。次日,成王死去。

康王的即位仪式,就是以传达顾命之辞为中心进行的:

> 王麻冕黼裳,由宾阶隮。卿士邦君,麻冕蚁裳,入即位。太保太史太宗,皆麻冕彤裳。太保承介圭,上宗奉同瑁,由阼阶隮。太史秉书,由宾阶隮。御王册命。曰:"皇后凭玉几,道扬末命。命汝嗣训,临君周邦。率循大卞,燮和天下。用答扬文武之光训。"王再拜,兴,答曰:"眇眇予末小子,其能而乱四方,以敬忌天威。"

【白话译文】

康王穿戴着麻冕之冠和黼裳(有花纹的裳),从宾阶升入堂中。卿士和邦君们穿戴着麻冕和蚁裳(黑色的裳），站在各自的位置。太保、太史、太宗都穿戴着麻冕和彤裳（红色的裳）。太保手持介圭，上宗捧着同瑁（圭玉的帽），从阼阶升入堂中。太史手持文书，从宾阶升入堂中。

于是对王进行册命。说："光辉的前王倚靠在玉几（凭几）上，下达了最后的命。让你继承先王的教导，成为周邦的君主。率领臣下遵规守矩，安定天下万民，发扬文王、武王伟大的教训。"

康王再拜，然后起身，回答说："微不足道的年少的我，没有把握能够治理四方、慎重地奉行天的威命。"

以召公为中心的重臣们以册命形式将前王的"顾命"之言传授给新王，构成即位仪式的核心。前王的"命"在其死后由重臣们保存，之后在即位仪式上，以语言的形式传达给新王，以此确认他的即位。可以看出，"命"传承的核心在于语言的传授。与此相对，关于德的传授，没有记录表明这样的仪式场景和构成其核心的语言传达是不可或缺的。这样的差异，或许也源于德与命原本性质就不同。

之前也说过，各个家族都继承了各自独特的德，因此正如众所周知的那样，原本德的观念中伦理色彩并不浓厚。

德的观念开始在强烈的道德优劣意识上使用,应当是为了适应强化西周王朝统治理念的政治要求下的产物。推测开始强调这类内容的德也是西周中期以后的事,是与册命仪式的完善等联动的政治、思想方面的动向。

第七章

天命的去向

1 宗教权与军事权的分离

正如之前引用丰田久氏的论文[①]时所介绍的那样,谈到文王、武王接受天命时,西周前期和后期的说法有变化。在前期,例如大盂鼎铭文说,文王是"膺受天命"者,武王是"匍有四方"者,两人的职责是被区分开来书写的。文王的基本性质是祭祀者,起着联结天与地的作用,与之相对,武王则是发挥武力、领有四方土地者,在西周王朝创立之际,两人的贡献有本质上的差异。

前文已述及,推测两人被区别表现的背景是,想通过

---

① 丰田久:《周王朝の君主権の構造について》,参见第 5 章第 203 页注 ①。

文王和武王两个"圣王"来象征,西周时代的君主权是由祭祀权和军事权两方面构成的。《左传》成公十三年中的一句话:"国之大事,在祀与戎(对国家而言的大事,只有祭祀和军事)",点出了中国古代的国家和王权的本质,所以常常被引用。推测西周王权也具有这样的性质,祭祀天以求确保德和命的宗教职能由文王来代表,征服领有四方土地的军事职能则由武王来代表。

但到了西周后期的金文中,文王和武王的受命就放在一起说了。试举两例来看:

> 丕显文武,膺受大令,匍有四方。(师克盨)
> 【白话译文】
> 光辉的文王、武王,身受天命,广泛地领有四方土地。

> 丕显文武,膺有天令,亦则殷民。(师询簋)
> 【白话译文】
> 光辉的文王、武王,身受天命,矫正了殷的民众。

甚至还出现了将文王、武王合在一起称"文武",说到了二王受天命（大令）的事情，却没有提及征服四方之事的金文。丰田氏认为，没有言及征服四方之事，可能是因为那部分内容脱漏了，但我推测，更可能是在刻意回避谈及有关周先王军事方面的事迹。

西周后期是周王下面的豪族积蓄实力、周王权威相对下降的时代。在实力豪族与周王对抗的社会形势下，虽然也有像宣王时那样尝试扩大周王一方的力量、恢复西周初年一样强大王权的时期，但那只是昙花一现，时代大势仍然是豪族具有强大势力，百般掣肘周王的统治。在两者的较量中，西周王朝最终陷入混乱，走向灭亡。

西周后期的金文中，在记录周先王们的事迹时，出现了只提及接受天命等宗教事迹，却不谈以征服四方为中心的军事功绩，这可能是当时实力豪族的意志通过史官机构反映在铭文内容上的结果。也就是说，实力豪族在周王拥有的权威中，只承认宗教权威，却不承认其军事权威。他们希望自己掌握现世权力，并为此进行谋划。

古代日本的情况也一样，几乎在所有地方，当豪族、贵族阶层掌握权势时，这些实力者们就想把位于他们之上的国君的权力完全限制在宗教方面，并为此采取各种各样的策略。文王和武王事迹曾代表周王权拥有的两个方向（宗教权与军事权），但在西周后期金文中却出现了不再提及武王"匍有四方"的倾向，推测它反映了当时实力豪族希望将周王的统治权只限制在宗教方面，军事权（土地所有权）方面则由自己掌握的意愿。

下面的永盂铭文[①]也可以作为反映这一社会形势的资料来解读（图24）：

> 佳十又二年，初吉丁卯，益公内即命于天子。公乃出厥命，锡卑师永厥田，阴阳洛疆，眔师俗父田。厥眔公出厥命：刑伯、荣伯、尹氏、师俗父、遣仲。公乃命郑司徒㝬父、周人司工眉、亚史、师氏、邑人奎父、毕人师同，付永厥田。厥率堳厥疆，宋句。永拜稽首，对扬天子休命……

【白话译文】

十二年，某月初吉丁卯日，益公到天子那儿接受了命。

益公随后布告天子授予的命，举行授予师永田地的仪式，这块田地就是阴阳的洛疆以及师俗父管理的田地。

---

① 永盂，《通释》补3，《铭文选》207。

与益公一起参加此次颁布命的，还有刑伯、荣伯、尹氏、师俗父、遣仲。

益公随后命郑的司徒函父、周人的司空眉、亚史、师氏、邑人奎父、毕人师同，将田地交给永。当时负责确定土地疆界的是宋句。

永拜稽首，感谢天子充满恩惠的命……

图24：永盂

第七章 天命的去向

据此铭文，益公从周天子那儿接受"命"，退出后，又在另一个场所，在包括当时的实力氏族首领在内的刑伯、荣伯、尹氏、师俗父、遣仲等五人的共同出席下，举行了授予永田地的仪式。

就像益公首先要从天子那儿接受命那样，在赐予土地或变更所有者时，天子之命必不可少，这是必须遵守的原则。但实际的田地赐予仪式，却是在实力豪族参与而天子不出席的情况下举行的。可以看出，现实行政是在实力氏族们的合议下做出决定并付诸实施的。

益公作为实力豪族代表，从天子那儿受命，然后在实力豪族面前布告此命，实际办理执行。益公的这种立场，与在西周王朝灭亡后的各国相争中，一面调整相互利益关系，一面图谋统一整个中国的霸主们的做法也有相通之处。

在周王与豪族的较量中丧失向心力的西周王朝，又受到其他民族的侵攻等，失去了陕西故地，迁都至东方的洛邑，重新建立东周王朝。东周王朝统治时期，被划分为春秋和战国两个时期。在前期的春秋时代，诸侯对周王权保持着半独立状态，为了调整相互关系，常常举行会盟。这种情况下，依靠以周王为核心的命进行统治的理念还有一定的影响力，周王朝仍图谋恢复和延续这样的统治体制。

例如，就像《春秋左氏传》中也能见到的那样，周王朝一有机会就派使者前往诸侯国，将周王的"命"授予诸侯。这大概是在不能期待受命者能像以前那样主动来觐见周王、请求赐命的情况下，周王不请自来，派遣使者去授命，试图将诸侯们纳入到周的统治体制中。

例如，《春秋左氏传》僖公十一年有下列记载：

> 天王使召武公、内史过赐晋侯命。受玉惰。过归，告王曰："晋侯其无后乎。王赐之命，而惰于受瑞。先自弃也已。其何继之有！"

【白话译文】

> 天王（周襄王）以召武公、内史过为使者，赐予晋侯命。晋侯用敷衍的态度接受了周王赐给的瑞玉。
>
> 内史过回到都城后，向周王报告说："晋侯就要无后了吧。王授予他命，接受瑞玉却很敷衍。这是开始放弃自己了。怎么会有后继者呢！"

令周王一方感到遗憾的是，当时受命的晋侯似乎并不怎么喜悦。倒不如说认为添了麻烦，晋侯才摆出敷衍的态度。

第七章 天命的去向

在鲁国，周王的使者也不请自来，前来授命鲁公。《左传》文公元年记载："天王使毛伯来锡公命（天王派毛公为使者来授命鲁公）"；此外，成公八年也可见到："天子使召伯来赐公命（天子派召伯为使者来授命鲁公）"。这些记载没有表明鲁公是否嫌授命给自己添了麻烦。

此外，《春秋左氏传》昭公七年（公元前535）可以见到下列记载，也很有趣：

> 卫齐恶告丧于周，且请命。王使成简公如卫吊，且追命襄公。曰："叔父陟恪，在我先王之左右，以佐事上帝。余敢忘高圉、亚圉。"

【白话译文】

> 卫国的齐恶为了报告国君襄公去世的消息，拜访周的都城，顺便提出希望授命的请求。周王于是派成简公前往卫吊问，同时对襄公进行追命。
>
> 追命时说："你襄公升到了天上，要伴随在我周先王的左右，辅佐先王侍奉天帝。我周王朝绝不会忘记高圉、亚圉们的事迹。"

这虽然是诸侯向周王提出希望授命的例子，但仍是周王派使者前往诸侯国去授命。只是这次授命，是在诸侯死后，接受其国的请求，对卫襄公进行"追命"。卫襄公生前应当没有接受过周的授命。但卫国人认为，襄公死后升到了天上，为了保住他在天上应有的地位，仍有必要受命，所以虽然晚了，但还是得到了周王朝的追命。

追命辞中保留着西周时代册命金文中所见册命时的固定表达句式。而且，命辞的最后还提到周的远古祖先高圉和亚圉的名字，但对于为何要列举这两个先王的名字，还不清楚。是不是因为当时流传着高圉和亚圉时代，周和卫建立了密切关系的神话传说呢？无论如何，这个记载暗示，即便生前没有周王的命等也没关系，但当考虑到死后灵魂的安宁时，还是会有人认为命是必要的。

实际推动春秋时代政治的并非东周王朝，而是以春秋五霸为代表、依次登上历史舞台、拥有政治和军事实力的霸者们。以这些霸者为核心，诸侯之间相互缔结盟约，处理当时各种各样的政治课题。不应忘记的是，乍看之下是因周王朝权威下降才产生的这种霸者体制，其实在理念上也继承了以周王为核心的命的统治体制。

例如，晋文公（重耳）被承认是霸者，就是因为从周

第七章 天命的去向

天子那里接受了"命"。《史记·晋世家》记载如下：

> 作王宫于践土……天子使王子虎，命晋侯为伯。赐大辂彤弓矢百，玈弓矢千，秬鬯一卣，珪瓒，虎贲三百人。晋侯三辞，然后稽首受之。周作《晋文侯命》："王若曰：父义和，丕显文武，能慎明德，昭登于上，布闻在下。维时上帝，集厥命于文武。恤朕身继，予一人永其在位。"

【白话译文】

[晋文侯在城濮之战中大破楚军，确立了在诸侯中的霸权后，周襄王为文侯授命]文侯[为受命仪式]在践土之地兴建了[临时]王宫……

天子以王子虎为使者，命文侯为伯（霸者），赐大辂、彤弓一和彤矢百支，玈弓十和玈矢千支，秬鬯一卣和珪瓒（香酒及舀酒的柄杓），以及虎贲（仪仗队）三百人。

晋侯辞让三次后，行稽首礼，接受命。

周王朝在仪式上作了名为"晋文侯命"的命辞[在仪式上宣读。其文如下]。

"周王如是说：'伯父义和啊，伟大光明的文王、武王重视明德，其事迹明显传到了天上，其名声广闻于天下。于是天帝将他的命下达给文王、武王。祈祷沿着这样的古事，继文王、武王之后，我也能永保王位。'"

《史记》记录的命辞内容到此为止，但在命的原文中肯定有让晋文侯好好辅佐保持文王、武王以来命的周王这样的话。

《尚书·文侯之命》篇也收录了与此命内容相重合的文章，根据书序，西周王朝灭亡后，东周王朝对在重建洛邑时发挥作用的晋文侯进行授命，以此为基础创作了这篇《文侯之命》。该篇的注释，无论是《伪孔传》还是《书集传》，都说授命的是周平王。《尚书》原文的主要部分是这样写的：

> 王若曰："父义和，丕显文武，克慎明德，昭升于上，敷闻在下。惟时上帝，集厥命于文王。亦惟先正，克左右昭事厥辟，越小大谋猷，罔不率从，肆先祖怀在位……父义和。汝克昭乃显祖，汝肇刑文武，用会绍乃辟，追孝于前文人。汝多修，扞我于艰。若汝予嘉。"王曰："父义和，其归视尔师，宁尔邦。"
>
> 【白话译文】
> 周王如是说："我的伯父义和啊。伟大光辉的文王、

第七章 天命的去向

武王，谨慎发挥明德，其事迹明白地传到天上，广闻天下。于是上帝将命授予文王。当时的行政长官们辅佐他们的君主，出色地完成职守，各种进言献策都被听取，所以我的先祖们能够安心地坐在王位上……

我的伯父义和啊。你要好好称扬你光辉的祖先们，以文王、武王时代的事迹为模范，引导你的君主继承古代伟人的事业。你做出了很多实际成绩，为我抵御了灾难。我对你的功劳给予高度评价，很高兴。"

周王说："我的伯父义和啊。希望你回去后，好好守护你的部下，安定你的国。"

从《史记》记载的给晋文公的命与《尚书》所载晋侯之命文字多有重合来看，它们原本可能来源于同一个命。只是《尚书》所载的命是在东周王朝建国初年，而《史记》记录的命发生在城濮之战后，两者的年代设定相差了百年左右。

这两个"命"的共同基础，应当是周王朝授予晋国君主而被晋国继承下来的命辞。无论是东周初年授予晋侯的命，还是承认文公为伯（霸者）的命，其文字的主要部分是重合的，若追溯起来，推测这可能是古时周王授予晋国君主的一个命辞，被反复使用在时代不同的两个场合造成的。当然，也必须考虑到另一种可能性，即它不过是随着晋文公（重耳）故事的流传，故事的讲述者将东周初年授予晋侯的命辞融入到重耳故事中所导致的结果。

不管怎么说，春秋时期的霸者统治，就其将统治理念的基础置于命的体制上这一点而言，可以说它还停留在西周统治体制的范畴之内。上文说，公元前632年晋文公被策命为侯伯（霸者）前，曾在践土建筑王宫。可能当时在王宫中也举行了西周时在大室举行的相同的礼仪活动。

前文已述，命的体制是以从上到下的权限转让为基础，但霸者体制，可以说是周王将原本属于周王的现实统治权整个转交给霸主形态的统治体制。周王把现实统治权转让给霸主，只保留了宗教权威。或许可以说，西周后期已经变得十分显著的、君主拥有的祭祀权和军事权相分离的现象，走到尽头就是霸主体制。

2 取代"命"的体制

像这样，一方面在努力弥补源自西周王朝的命的体制，想方设法将其维持下去，但另一方面，也出现了要脱离以周王为核心的命的统治体制的动向。本书第二章对《春秋左氏传》庄公三十二年所见莘地降神事件进行了分析。其中记载，虢国向降临的神请命，被授予了土田。它记载的内容，若从西周以周王授命为基础的统治体制视角来看，相当具有冲击力。

正如所记载的那样，这个神是降下来的，因此具有天神或天神代理人的性质。这个天神直接赐予虢君命和土田。从西周统治体制的理念来说，天降下的命，应该由周王亲自接受，再将命分配给臣下们。在分发命的同时，周王的职责还包括分给诸侯们土田（领地）。然而虢君却自己与天接触，接受天命，并直接被授予了土田。这样一来，他就从以周王为顶点的命的金字塔中独立出来，创造了另一个以虢君本人为顶点的命的体制。

《国语·晋语二》中也有一个与虢公有关的故事，其内容如下：

> 虢公梦在庙，有神人面，白毛虎爪，执钺，立于西阿。公惧而走。神曰："无走！帝命曰：'使晋袭于尔门。'"公拜稽首。觉，召史嚚占之。对曰："如君之言，则蓐收也。天之刑神也。"

【白话译文】

虢公梦见在庙里的时候,神出现了。[这个神]有人的脸,长着白色的毛,虎的爪子,手拿着钺,站在西边屋檐前。虢公害怕地想要逃走。那个神说:"别走!天帝降下命,让你的家族继承晋国。"虢公行拜稽首礼,接受了命。

醒来后,虢公让史嚣占这个梦。嚣回答说:"如果真的如君主所说,梦里出现的神应当是蓐收。是天的刑神。"

《国语》想表达这一事件成了虢国灭亡的前兆,它对诸侯直接接受天命,脱离以周王朝为核心的命体制持批判态度。《左传》和《国语》记录的故事背后,反映的应是虢国试图从周的体制中独立出去的历史动向。只是,这两本书都对虢国的这一动向持批判态度。不管怎样,天帝的命辞有时会通过使者直接向诸侯传达,而且,授命的场所就像《国语》中看到的那样,是在宗庙里,这一点很有意思。

在周王朝独占的命的体制之外,尝试建立一个以自己为顶点的命体制的,并不仅仅限于虢君。金文中也出现了标榜不以周王为中介,自己亲自接受了天命的铭文。推测

第七章 天命的去向

是春秋中后期制作的秦公簋[①]铭文中有下列内容（图25）：

> 秦公曰："不显朕皇祖，受天命，鼏宅禹迹。十又二公，才帝之坏，严恭寅天命，保业厥秦，虩事蛮夏。余虽小子，穆＝帅秉明德，烈＝桓＝，万民是敕，咸畜胤士，龏＝文武，镇静不廷，虔敬朕祀……"

图25：秦公簋

[①] 秦公簋，《通释》199，《铭文选》920。关于铭文中的秦先王、十二公是谁，以及与之相关的这件青铜器的制作时代的讨论，陈昭容在《秦系文字研究》（史语所专刊，103，2003年）对各家之说进行了讨论。

【白话译文】

秦公说:"光辉的我的皇祖,接受了天命,在禹王治水整顿的这片大地上建立了领地。继承其后的十二公们[死后]去到天帝那里,谨慎遵从天命,保护秦国,守护着秦对其他民族和华夏之民的统治。

我现在虽然还不成熟,但谨慎地以明德为标准去行动,积极向万民发出指示,让自古以来的名门之士作为官员去养育,发动显赫的文武能力,打击不祭祀的人,虔诚地进行祭事。"

这篇铭文也很难读,但可以确定其大致内容是说,秦的先祖从天那里直接接受了命,拥有了秦的领土,其后的十二个先王也遵从天命,继续经营秦国。这件青铜器的制作者秦公扬言说,秦的先王没有以周王为中介,而是直接接受的天命。而且还说,依据这个命领有的土地,是禹整理出来的。禹的传说不仅仅是留传下来的故事,当诸侯们想要脱离周王朝命的体制时,也会在禹王治水事业中寻求其领地的由来。如果强调禹的治水事迹,以取代周武王"制有四方"的说法,就说明禹的神话传说在当时的时代环境中,带有很强的政治色彩。

第七章 天命的去向

像这样,如果各国的统治者都主张他们的先王不以周王为中介,而是直接从天那儿接受命的话,就会从根本上动摇以作为天子的周王为核心的命的统治体制。但是,这种新动向也把命的观念作为统治体制的基础这一点,可以说还保留着旧的要素。

但是,从战国时代开始迈向秦汉帝国形成的历史洪流,要求更为根本的政治体制变革。以命的观念为基础、以天子为顶点的等级性政治体制,在春秋战国社会中走到了尽头,开始探索依据其他原理建立的政治、社会体制。

从战国时代开始向秦汉帝国发展的历史潮流,以统治体制为中心来看,就是从封建制到郡县制的变革。封建制是诸侯们从周王那里受命、被委任统治各自领国的制度,这个制度的根本是由命的观念支撑的。命的金字塔,正如之前所看到的那样,是上层将其权限的一部分转让给下层,全权委托他行使这部分权限。下层再将自己接受的权限的一部分转让给自己下面的人,委托他行使这部分权限。像这样,命从上向下分层传达,与之相伴,权限也不断被分割,从上向下分配,所有人的地位和职责都被定位到这种命的金字塔中。

在这种统治体制中，上层的人只能对其直属部下下达指示，对于部下的部下（臣下之臣），则不能直接下达命令。这种命令传达体系的特征，在行使军事性的命时表现得尤为突出，前文已经通过多友鼎铭文等揭示了这一点。

与之相对应，郡县制在理念上完全废弃了这种阶层结构。历史学家们将秦汉帝国统治结构的特征，总结为"个别人身统治"等，[①]认为其原理是，皇帝的统治直接抵达民众每一个人。处于皇帝与民众之间的官僚们并不统治民众，只是作为皇帝的手下，充当将皇帝的统治传达给每个民众的中介罢了（图26）。

正如唐代柳宗元的《封建论》所论，从封建制向郡县制的变革是历史的大"势"，谁也无法阻止它。秦始皇统一天下后，在全国施行郡县制，虽然在西汉初年稍有反复，但以郡县制为基础的皇帝独裁政权，从那以后，成为贯穿中国王朝时代的基本政治体制。就这样，当西周的封建制不再是国家基本体制时，在观念上支撑这个古老体制的命

---

① 例如，西嶋定生：《中国古代帝国の形成と構造——二十等爵制の研究》，东京大学出版会，1961年。

```
秦汉帝国                              西周时代
郡县制度            霸者统治            封建制度
皇帝一级统治                            多层统治

                        ○  天           ○  天
                        │ 天命          │ 天命
          ○  皇帝       ○  周王         ○  周王
                        │  命           │  命
                        ○  霸者      ○ ○ ○  诸侯
          个别人身统治
                       ○ ○ ○ 诸侯   ○ ○ ○ ○  臣

          ○ ○ ○ ○ 民众  ○ ○ ○ ○     ○ ○ ○ ○
```

图 26：由封建制向郡县制

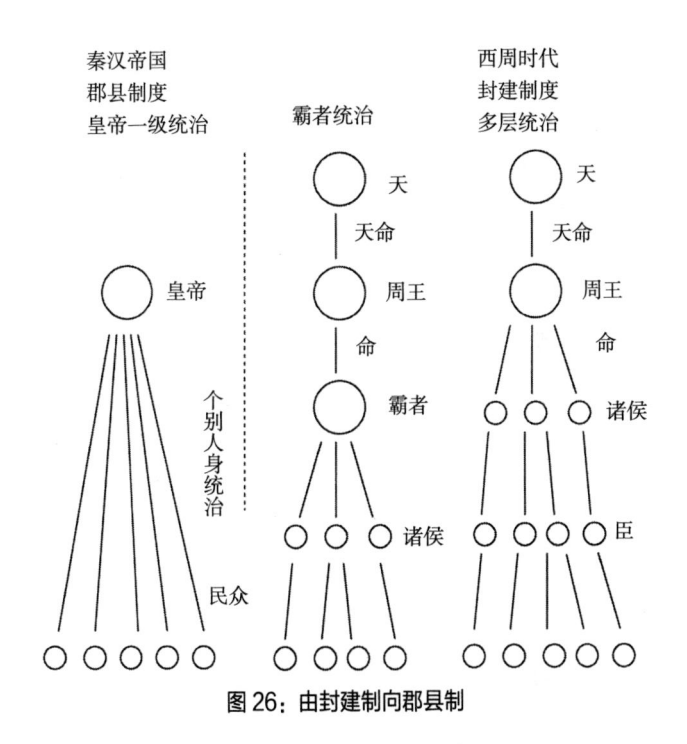

的理念和天命的观念，也完成了它们的历史使命。当然，汉以后的各王朝，也都主张自己的朝廷接受了天命，为此进行的政治性表演等也非常盛行，但这些已经不再关乎统治体制的根本，而只是粉饰统治的一个要素罢了。

以天命观念为政治根本的时代，在战国到秦汉时期，和青铜器文化的衰退一起成为过去。天命观念与青铜器在同一时间退出历史舞台,是偶然一致的吗?还是说,其背后存在着必然性?作为架设在观念与物质之间的看不见的桥梁的一个例子,我想从两者之间存在必然性的视角,重新审视这一时期的历史。虽然不能急于下结论,但与其把它当作单纯的偶然而置之度外,不如期待更丰富的研究成果。

图片出处一览

封面：郑州南顺城街窖藏出土方鼎（河南省博物院藏），《郑州商代铜器窖藏》，科学出版社，1999年。

插页图一：㝬簋（扶风博物馆藏），《中国文物精华》，1992年。

插页图二：周公庙遗址，《文博》2004年第5期。

插页图三：杨家村窖藏，《文物天地》2003年第5期。

插页图四：战国时代画像纹壶（千石唯司藏），出川哲朗摄。

图1：铜钺（山东益都苏埠屯一号墓出土），《中国古青铜器选》，文物出版社，1976年。

图2：禹王（武氏祠画像石），据《汉武氏祠石刻题字》（二玄社，1979年）绘。

图3：燹公盨（保利美术馆藏），《华学》第6辑，2003年。

图4：饕餮纹分类与编年，参照林巳奈夫《殷周時代青銅器紋樣の研究》，吉川弘文馆，1986年。

图5：方鼎。司母辛方鼎（殷墟妇好墓出土），《黄河

文明展図録》，中日新闻社，1986年；人面方鼎（湖南省宁乡出土），《中国文明展図録》，NHKプロモーション，2000年；辽宁北洞村二号窖藏出土方鼎，《中国古青铜器选》。

图6：升鼎图，据武氏祠画像石（E.Chavannes, *Mission archeologique dans la Chine Septetroinale*, EFEO. 1913–1915）、嘉祥纸坊镇养老院画像石（《嘉祥汉画像石》，山东美术出版社，1992年）绘。

图7：武则天九鼎图、十二生肖（陕西西安唐墓出土），《中国陶俑の美展図録》，朝日新闻，1984年。

图8：牺尊，湖南省醴陵出土象尊，《中华人民共和国出土文物选》（文物出版社，1976年）等。

图9：射礼、饮酒礼图，据插页图四绘。

图10：图像符号，朱凤瀚《中国古代青铜器》（南开大学出版社，1995年）等。

图11：旅彝、行彝，郭沫若《两周金文辞大系》图72、图227。

图12：青铜器窖藏，中国社会科学院考古研究所《中国考古学·两周卷》，中国社会科学出版社，2004年。

图 13：少牢馈食礼图 1。[①]

图 14：令方彝（器形与铭文），陈梦家《西周铜器断代》二。

图 15：少牢馈食礼图 2。

图 16：有关封建的金文。克盉，《中国文物精华》，1990 年；宜侯夨簋，陈梦家《西周铜器断代》一。

图 17：善夫山鼎（器形与铭文），陈梦家《西周铜器断代》上。

图 18：册命仪式图。

图 19：糸旁及与授受有关的字。

图 20：㝬簋铭，《中国文物精华》，1992 年。

图 21：命的金字塔。

图 22：师𩛥鼎铭文，《商周铜器铭文选》202。

图 23："德"字字形表。

图 24：永盂铭，《商周铜器铭文选》207。

图 25：秦公簋，《两周金文辞大系》图 232。

图 26：由封建制到郡县制。

---

① 译者按：此图为作者自绘图。下文中未注明图版出处者，同。

后　记

我开始关注作为历史资料的青铜器铭文，是在读了贝冢茂树教授《中国古代史学的发展》一书中收录的相关论文，特别是《殷末周初的东方经营》一文之后。此前我一直认为金文研究是文字学学者们从事的小趣味学问，贝冢教授的论文打破了我的偏见，让我看到，通过结合考古学知识去分析相互关联的金文资料群，可以生动地还原古代的社会动态。

实际认真阅读金文资料的契机，是研究生时期参加了京都大学人文科学研究所召开的"金文辨伪"研究会。为了让青铜器铭文作为历史资料发挥作用，第一步工作，必须辨别出其中包含的伪造铭文，将其剔除出去。在博物馆陈列的青铜器中，也存在即便青铜器本身是真品，但铭文

后 记

却是后世伪刻的情况。这些伪造铭文,有的只要是对青铜器铭文稍有了解的人,就不会认为是真品,但也有一些或许连专家都会看走眼,把它当成是真铭文。特别是伪造铭文的人,相比伪造一般性内容,更倾向于让历史上的重要人物出现在铭文中,以提高青铜器的价值。如果把这样的伪铭信以为真,就可能产生错误的历史认识。我想起,针对一篇研究会高度怀疑为伪作的金文,曾将该金文作为史料在论文中使用过的贝冢教授,在研究会上发言说:"这篇金文的内容就像是同时出现足利尊氏和楠正成两个人名字的古文书一样,这种恰好需要的历史资料,首先就应当去质疑。"

金文辨伪研究会将核对铭文中文字的每一道笔画作为最初的线索。以现在的文字为例,如果"十"字的横划不连,写成"十"的样子,就很难认定这篇铭文是现在人写的。这样,通过精心研究每一个文字,结果超越了辨伪的目的,产生了很多副产品。例如,就像同时制作的列鼎那样,几件青铜器所刻铭文内容相同,但其上文字的写法却不相同,每个器物的铭文字体都有自己的特征。有学者指出,还有同一件青铜器的盖子和器身上的两处铭文内容相同，但明显是由不同的人分别书写的例子。这些事实，在考虑青铜器及其铭文是以怎样的手段和手续制作时，都是很好的提示。青铜器上的文字是制作青铜器的工人们书写的，还是订购青铜器的当时统治阶层的人书写的等问题，研究会上都进行过讨论。

研究会在进行的过程中逐渐认识到，以关注一个个文字、确认其笔画为辨伪基础的方法，并非绝对的判别手段。我们知道有这样的例子，将同一篇青铜器铭文从古时到现代几个阶段的拓片排列起来进行比较时，发现最初青铜器还生锈时的拓片，文字结构没有问题，但越接近现代，拓片上的文字变得越清晰，但另一方面笔画也会出现疑点。这样的事例，应当考虑是人们在除锈以使文字清楚的过程中，随意改变了文字。不能因为现在拓片上的文字笔画有疑点，就贸然判断这个铭文是伪作。也正因为存在这样的情况，所以该研究会对主要青铜器做出的真伪判断结果一直没有公布。此外，研究会的召集人林巳奈夫先生，每次都将研究会上讨论的问题，附上每个发言者的名字，整理出一两页纸，打印出来，分发给与会者，但这些记录也是只有参加者才有的内部文件，没有公开。

后 记

仔细想想,这个研究会结束时,我还不能充分运用边考察每一个文字的写法,边阅读金文资料的严密方法。在新的金文资料公布时,很多情况下都直接使用整理者以现代汉字隶定的释文,仅限于对几个有疑问的字,确认一下其原来的字形而已。不过,这个研究会所秉持的不使用有疑点的资料这一理所当然的资料操作的基本方针,在那之后却一直对我产生着很大影响。例如,对于以长篇文章著称的毛公鼎铭文是否可以作为论证资料使用,我至今仍很踌躇。

在这样的基础上,我发表了一些围绕青铜器的研究,本书主要基于下列报告和论文:

《周代金文の社会的機能について——祖先祭祀と国家機構》(昭和56、57年科学研究费补助金研究成果报告书),1983年3月。

《天命と德》,《東方学報(京都)》第64册,1992年3月。

The Ruling System in Western Zhou and the Idea of *Ming* 命, *Jinbun*, 2005年3月。

为了整理本书，我重读了这些论文，发现基本构想在二十多年前的科研费报告书里就已经成形了，对于步伐之缓慢，自己也感到吃惊。大概唯一进步的地方，就是论证手段稍微坚实了些。

我身边有好几位青铜器和金文专家，这是比什么都幸运的事儿。贝冢茂树教授以民族学、民俗学和古典学的知识为支撑的金文研究，至今仍具魅力。教授从以民会等为基础的城市国家论到晚年开展的战士国家论，一直都在追问探索推动历史的主体是什么。当然，对国家形成等重大问题展开宏大构想的研究者，虽然不多，但也有。不过，这些人的构想有不少都没有充分的资料和论证，只停留在虚构的观念论上。与此形成对比的是，贝冢教授的研究则主要想探讨生活在历史中的人们在各个时代下的思想。例如，最近的年轻研究者们把《春秋左氏传》这本书完全对象化，为了从中收集史料，把它当作一种资料集来阅读。贝冢教授则将《左氏传》中的每段记述都与传承这些语言和故事的人们的思想结合起来去理解。如果这样从史料中解读思想的话，无论如何都容易变得有些随意倾向，也许会偏离严格的历史学。但是，仅仅是严密罗列事实，不与

后　记

生活在历史中的人们的思想联系起来，我不知道这样的历史记述到底有多大意义。

林巳奈夫先生对我来说，既是中国考古学的前辈，同时也是一种论敌。我写了有关中国古代文化的论文，将抽印本寄给林先生后，马上就会收到他的回信，但其中常常会附带指出某某部分恕难苟同。如果文中谈到了他不知道的东西，他会由衷地表示佩服，但如果认为是在他的防守范围，对于不同说法则会坚决予以反驳。林先生的大著《殷周青铜器综览》，将西周时代的青铜器分为前、中、后三期，每个时期又进一步划分为A、B两个阶段。收到林先生惠赠的大著，努力读完之后，我在给林先生的感谢信中写到，青铜器编年在西周中期的A阶段和B阶段之间都会做一个大的断代区分（例如，本书论及的带册命金文的青铜器，都被断在中期B阶段以后），这样的话，倒不如不设中期，把西周时期断代为前期A、B、C和后期A、B、C，这样或许更容易理解。林先生马上打电话来，断然说绝对不能认同这一划分方法，但却没有说不能认同的理由。

林巳奈夫先生今年正月突然逝世。如果林先生生前看到这本书的话，一定会马上打电话来，断言"绝对无法认同"之处肯定有很多。例如，关于饕餮纹，本书认为是与自然神相融合的远祖像，而林先生一直都将其作为"帝"的图像展开讨论。去年秋天，我和林先生谈了本书的大概内容，问他这类书由吉川弘文馆出版如何。他说要给我介绍一位相熟的编辑（对于京都大学学术出版会来说，则是格外关照我了）。印象中，林先生对吉川弘文馆作为能够出版学术书籍的书店，给予了很高的评价。遗憾的是，未能让他生前看到这本书，展开互动讨论了。

除了众多师友外，还想感谢允许我调查青铜器实物的收藏者和博物馆的各位。不是隔着陈列柜，而是直接接触青铜器时给人的真实感，让我强烈地意识到，只是单纯从美术鉴赏的角度去看青铜器是远远不够的，有必要理解其背后的古代人的精神结构。不过，本书论及的只是这种精神结构的极小部分，肯定还有很多重大问题尚未搞清楚而遗留下来。

小南一郎

2006年孟夏，跋于法国远东学院京都研究所
2023年开春，修改于泉屋博古馆

文献指南：为加深对中国古代青铜器与金文资料的理解

收录青铜器及其铭文的图录集，早在宋代就出版有李公麟《考古图》、宋徽宗敕撰《博古图》等若干种。这些图录集很多都附有释文和解释，其中对古文字的隶定（将古文字改写为现在的文字）以及对青铜器种类的称呼等等，不少都沿用至今。这种图录集此后历代都有续作，而且，最近通过考古发掘，带有重要铭文内容的青铜器不断发现。

1.《殷周金文集成》，中华书局，1984-1994年。

将此前发现的青铜器铭文集大成者是《殷周金文集成》的出版。它将截止编纂时所有已知的金文资料都编号收入书中。这部《集成》附有索引等，是金文研究最基础的资料集。

2. 郭沫若：《两周金文辞大系》，文求堂，东京，1932年，1957年增订。

不少金文图录集都逐篇对金文进行注释，推测器物的制作年代等等，不过，大部分都仅限于简单的推测或对个别文字的考证。尝试为金文资料建立体系，进行历史定位的，可以说是从郭沫若《两周金文辞大系》开始的。该书尝试将主要的金文资料按年代顺序排列，以此复原周代的历史。

3. 陈梦家:《西周铜器断代》,《考古学报》1954-1956年;《陈梦家著作集》, 2004年。

同样利用金文资料，更为严密复原周代社会与历史的是陈梦家《西周铜器断代》。可惜陈先生在"文革"中去世，西周时期的后半部分未能完成。陈先生的讨论不只限于金文资料的解释和器物断代，还选取了几个由此派生出的问题加以详细考证，弥足珍贵。

4. 白川静:《金文通释》,《白鹤美術館誌》1-56辑, 1964-1984年;《白川静著作集别卷》，平凡社。

5. 白川静:《金文集（1-4）》，二玄社, 1966年。

日本的成果，有白川静的精心之作《金文通释》。书中对主要的金文做了最为详细的注释，这样的工作在中国尚未见到，卷末还附有金文学术史和索引等等，内容详备。另外，白川教授还著有《金文集（1-4）》，将著名的金文拓片按原尺寸收录，弥补了《金文通释》所载图片较小的缺憾。

6. 马承源：《商周青铜器铭文选（1-4）》，文物出版社，1986年。

马承源《商周青铜器铭文选（1-4）》按原尺寸收入了包括最近出土的器物在内的主要金文拓片，并附以释文。我在选取青铜器铭文时，除非必须翻查《殷周金文集成》，否则会首先查阅这本《铭文选》。

7. 容庚：《金文编》，中华书局，1985年修订版。

阅读青铜器铭文时使用的字书，有容庚《金文编》。该书汇集了金文用字，按东汉时期字书许慎所作《说文解字》的顺序进行排列。未释出文字和图像符号附录在书的最后。

8. 周法高编：《金文诂林》，香港中文大学，1975年。

关于金文资料中使用的每个字的解释，周法高编《金文诂林》汇集了此前的各种说法。通过此书可以了解到学界关于某个字的含义及其由来的各种解释。

9. 中国社会科学院考古研究所：《中国考古学·两周卷》，中国社会科学出版社，2004年。

阅读金文资料不能缺少考古学知识。关于西周时期的遗址、遗物，出版了很多报告书。此类最新考古学成果有中国社会科学院考古研究所《中国考古学·两周卷》。该书扼要介绍了最近重要的考古发现,非常实用。

10. 林巳奈夫:《殷周青銅器綜覽》,吉川弘文馆,1984-1989年。

此外,从考古学视角探讨青铜器断代问题的有林巳奈夫的大作《殷周青銅器綜覽》。林先生注意到青铜器侧面曲线的变化,提出就西周时代而言,初期下凸起的器形,后期变成了圆润的曲线。林先生据此将西周青铜器分为前、中、后三期,每期又进一步分为两个阶段。虽然学界对每个青铜器的制作年代都有讨论,但除个别情况外,这些讨论的根据都不确凿,目前对青铜器年代确定最可靠的,可以说是林先生的编年。

11. 贝冢茂树:《中国古代史学の発展》,弘文堂书房,1946年。

利用金文资料讨论周代政治、文化的论集也很多。此处介绍日本出版的主要著作,首先应列举贝冢茂树《中国古代史学の発展》。书中介绍了释古派积极将文献资料与出土资料相结合来复原历史的史学方法,并收录了贝冢教授本人使用这种方法所写的论文。

12. 松丸道雄编:《西周青銅器とその国家》,东京大学出版会,1980年。

松丸道雄编《西周青銅器とその国家》是一部汇集以松丸道雄为核心的东京一带青铜器研究者研究成果的论文集,从新的视角和方法积极提出新的问题。

13. 伊藤道治:《中国古代国家の支配構造——西周封建制度と金文》,中央公论社,1987年。

另外,伊藤道治《中国古代国家の支配構造——西周封建制度と金文》通过详实的讨论,对金文所见周代政治、社会体制的主要问题进行了分析。

14. 松井嘉德:《周代国制の研究》,汲古书院,2002年。

最近出版的论集松井嘉德《周代国制の研究》,尝试通过对金文资料的分析,探求西周政权特殊的统治结构。

15. 赵诚:《二十世纪金文研究述要》,书海出版社,2003年。

中国出版的金文研究著作大量涌现,此处从略。关于中国的主要研究成果,赵诚《二十世纪金文研究述要》进行了集中介绍,足资参考。

小南一郎（こみなみ いちろう）

京都大学名誉教授，法国远东学院京都研究所研究顾问，龙谷大学教授。现任泉屋博古馆名誉馆长。

专业为中国古代、传统文化研究。

1942年，生于京都北白川。1964年，毕业于京都大学文学部。1969年，完成京都大学文学研究科博士课程，退学。文学博士。

历任京都大学人文科学研究所助手、京都大学文学部副教授、京都大学人文科学研究所教授，2005年从京都大学退休。

在京都大学时，跟随吉川幸次郎、小川环树两位教授接受中国古典学训练，此外对民俗学、考古学也有兴趣，参加了以高槻弁天山古墓为代表的京都、和歌山等地古墓、寺院遗址、瓦窑遗址的发掘工作。

研究领域涉及从汉字起源、礼仪制度、中国古代宗教

小南一郎（こみなみ　いちろう）

史到神话、小说史、民间传说等。

【主要著作】

《楚辞》，独著，筑摩书房;《中国の神話と物語り》，独著，岩波书店;《西王母と七夕伝承》，独著，平凡社;《中国的神话传说与古小说》，孙昌武译，中华书局;《楚辞とその注釈者たち》，独著，朋友书店;《唐代传奇小说论》，独著，岩波书店，童岭译，北京大学出版社;《中国古代礼制研究》，编著，京都大学人文科学研究所;《中国の礼制と礼学》，编著，朋友书店;《中国文明の形成》，编著，朋友书店；等等。